高等职业教育公共课精品教材
新时代课程思政建设配套教材

实用普通话训练教程

（思政课＋精品微课）

主 编：潘伟斌

● 思政课程　　● 互联网＋　　● 配套教学资源包

北京体育大学出版社

策划编辑： 韩培付
责任编辑： 曹晓燕
责任校对： 米 安

图书在版编目（CIP）数据

实用普通话训练教程 / 潘伟斌主编. — 北京 ：北
京体育大学出版社，2023.11
　　ISBN 978-7-5644-3926-2

　　Ⅰ．①实… Ⅱ．①潘… Ⅲ．①普通话—高等学校—教
材 Ⅳ．①H102

中国国家版本馆 CIP 数据核字(2023)第 204654 号

实用普通话训练教程
SHIYONG PUTONGHUA XUNLIAN JIAOCHENG　　　　　　　主　编　潘伟斌

出版发行：	北京体育大学出版社
地　　址：	北京市海淀区农大南路 1 号院 2 号楼 2 层办公 B-212
邮　　编：	100084
网　　址：	http://cbs.bsu.edu.cn
发 行 部：	010-62989320
邮 购 部：	北京体育大学出版社读者服务部 010-62989432
印　　刷：	三河市龙大印装有限公司
开　　本：	880mm×1230mm　　1/16
成品尺寸：	210mm×285mm
印　　张：	11
字　　数：	314 千字
版　　次：	2023 年 11 月第 1 版
印　　次：	2023 年 11 月第 1 次印刷
定　　价：	48.00 元

汉语是我国的通用语言，也是世界上使用人数最多的语言。随着我国社会、经济的快速发展，人员流动的数量日益增多，流动的区域日益扩大，全国各地不同的方言给人们的交流沟通造成了一定的阻碍。因此，推广普通话成为我国一项重要的工作。我国宪法明确了普通话和规范汉字作为通用语言文字的法律地位。教育部要求各级各类学校把普及普通话纳入培养目标和有关课程，把说好普通话、写好规范字、提高语言文字能力作为素质教育的重要内容。

为了配合高等院校普及普通话和普通话教学工作，提高大学生的普通话水平，我们依据《普通话水平测试实施纲要（2021年版）》的要求以及高等院校的教学特点，编写了这本《实用普通话训练教程》。

本书以普通话理论知识为指导，以语言训练为核心，以提高大学生能力为目的进行编写，主要内容包括绪论、语音、声母训练、韵母训练、声调训练、音变训练、综合训练等。每章设置本章导读、学习目标、知识延伸、小贴士、知识巩固、复习与思考等模块，同时采用线上线下相结合的方法来加强大学生的普通话训练。

本书既可作为高等院校普通话训练课程的通识教育教材，也可作为社会从业人员的参考用书。

由于编者水平有限，书中难免存在疏漏之处，恳请业内人士和广大读者朋友不吝批评指正。

CONTENTS

目录

第一章

绪论

普通话作为联合国工作语言之一，已成为中外文化交流的重要桥梁和外国人学习汉语的首选语言。普通话是中国法定的全国通用语言。《中华人民共和国宪法》第十九条规定："国家推广全国通用的普通话。"《中华人民共和国国家通用语言文字法》确立了普通话和规范汉字的"国家通用语言文字"的法定地位。

学习目标

1. 了解普通话的含义。
2. 了解普通话水平测试的等级标准。
3. 了解《普通话水平测试大纲》中的测试内容。

第一节 普通话概述

一、普通话的含义

"普通话"一词最早见于书面是在 1906 年朱文熊所著的《江苏新字母》一书中，朱文熊给"普通话"下的定义是"各省通行之话"。此后，鲁迅、瞿秋白、黎锦熙、陈望道等人也先后在他们的著作和文章中提到过"普通话"。不过，那时所说的"普通话"并不是严格的学术用语，而是指与文言和方言土语相对的各省之间的通用语，即所谓的"蓝青官话"，它以北方话为基础，但没有严格的规范和标准。

🧳 知识延伸

　　1955 年 10 月先后召开的"全国文字改革会议"和"现代汉语规范问题学术会议"，明确把汉民族共同语称为"普通话"，并把"普通话"的含义表述为"以北方话为基础方言，以北京语音为标准音"。1956 年国务院发布的《关于推广普通话的指示》中把"普通话"的含义调整补充为"以北京语音为标准音，以北方话为基础方言，以典范的现代白话文著作为语法规范"。从此"普通话"成为有明确含义的术语。普通话的"普通"二字是"普遍通行""共通"的意思，并不是"平常普通""普普通通"的意思。

普通话是汉民族共同语，但并非是先有了"普通话"这个词才有汉民族共同语。汉民族共同语的形成经历了相当长的时期，虽然难以指明确切的年代，但不会晚于 14 世纪。唐宋以来的白话文学使白话取得了书面语言的地位。元代的《中原音韵》通过戏曲推广了北京语音。明清两代所谓的"官话"随着政治力量和白话文传播到各地。20 世纪初特别是"五四"运动以后，掀起了反对文言文、提倡白话文的"白话文运动"，促进了汉民族共同语的发展和推广。"官话"这个名称逐步被"国语"代替，同时也被称为"普通话"。1955 年以后，考虑到语言的群众性，以及汉语应与少数民族语言平等，我国确定用"普通话"指称汉民族共同语，从而替代"国语""官话"的名称。

二、汉语和汉语方言

汉语是我国的通用语言，也是世界上使用人数最多的语言，然而我国幅员辽阔，由于历史、地理等原因，虽然绝大多数地区都使用汉语，但是却"各具特色"，形成了七大方言区，分别是"北方方言区""吴方言区""湘方言区""赣方言区""客家方言区""闽方言区"和"粤方言区"。在部分省份，几种方言体系并存，区别较大。例如，在广东省粤语、客家话和潮汕话并行。不同方言在词汇、语法和语音上都有区别，词汇和语法在书面语言的学习中可以得到规范，所以，语音方面的差别最为突出。由于语音是语言的物质外壳和形式表现，所以语音规范是口语传播中信息对称的第一步，是保证人们顺畅交流的必备要素。

🧳 知识延伸

　　北方方言，也叫北方话（以北京话为代表），分布在长江以北的广大地区，以及长江以南的镇江上游、九江下游的沿江地带，还有湖北、四川、重庆、云南和贵州等地。

吴方言，也叫江浙话、吴语，分布在浙江、江苏南部和上海等地。

湘方言，也叫湖南话，分布在湖南大部分地区。

赣方言，也叫江西话，分布在江西大部分地区和湖北的东南角。

客家方言，也叫客家话，集中分布在两广、江西、福建、台湾等地，湖南和四川等省也有分布（当地称"广东话"）。

闽方言，也叫福建话，分布在福建、台湾、海南等地和广东的潮汕、惠州、汕尾一带。

粤方言，也叫广州话或白话（广西东部的叫法），分布在广东的中西部和广西的一部分地区，还有香港和澳门等地。

汉语方言的分歧突出地表现在语音方面，不但各大方言区的语音系统差别大，就是一个地区、一个方言内部也常在语音方面有明显的差异。普通话是在北方话的基础上建立起来的，它跟汉语其他方言在语法和词汇方面的差异是有限的。因此，方言区的人学习普通话不同于学习一种陌生的语言，学习普通话重要的是要掌握普通话语音系统和普通话的口语表达方式。因此，我们首先应该在语言交际活动中大力推广以北京语音为标准的普通话。

学习普通话，首先要了解发音和正音。

（一）发音

发音是一种口耳技能的训练。掌握普通话的语音系统，即掌握普通话的声母、韵母、声调以及变调、轻声、儿化等正确发音。要想学好普通话应该充分利用汉语拼音这个有效的工具，同时学习必要的语音知识。

发音准确是语音学习最基本的要求。如果发音错误，又没有及时纠正，反复练习这些错误的发音是徒劳无益的。在学习普通话时，有些人受方言的影响，音发不准，如对鼻音与边音、前鼻韵母与后鼻韵母之间的区分不敏感等。针对这些问题，首先要引导他们提高语音的分辨力，然后指导他们掌握正确的发音。在发音准确的基础上，反复练习，最终达到完全熟练的程度。

（二）正音

正音是指掌握汉字、词语的普通话标准读音，纠正因受方言影响而产生的偏离普通话的语音习惯。方言同普通话语音的差异不是毫无规律的，了解了方言和普通话语音对应的规律，在训练时就不必一个字音一个字音地死记，而是一批一批地去记。正音训练不仅体现在字词的读音上，还体现在朗读、会话等口头语言的运用中。

▼ 三、推广普通话

国家历来重视普通话的推广工作，把推广普通话作为我国一项长期的、重要的语言政策。

1955 年 10 月，教育部和中国文字改革委员会联合召开了"全国文字改革会议"，在推广普通话方面明确了"普通话"的含义和推广普通话的方针、政策、步骤。同月，中国科学院哲学社会科学部召开了"现代汉语规范问题学术会议"，会议确定了把汉民族共同语称为"普通话"。1956 年 2 月，国务院发布了《关于推广普通话的指示》，调整补充了"普通话"的含义，要求"在文化教育系统中和人民生活各方面推广这种普通话"。规定"从 1956 年秋季起，除少数民族地区外，在全国小学和中等学校的语文课内一律开始教学普通话"。同年，中央推广普通话工作委员会成立。1958 年 2 月，第一届全国人民代表大会第五次会议批准颁布了《汉语拼音方案》，为推广普通话提供了有效的工具。1982 年，《中华人民共和国宪法》第十九条明确规定"国家推广全国通用的普通话",为推广普通话确立了法律依据。1986 年,国家语言文字工作委员会和国家教育委员会(现教育部)联合召开了全国语言文字工作会议,确定了大力推广和积极普及普通话是新时期语言文字工作的首要任务。2000 年 10 月,第九届全国人民代表大会常务委员会第十八次会议审议通过了《中华人民共和国国家通用语言文字法》(以下简称《国家通用语言文字法》),这是我国第一部语言文字方面的专项法律,它体现了国家的语言文字方针和政策,第一次以法律的形式明确了普通话和规范汉字作为国家通用语言文字的地位。

国家大力推行普通话,同时也规定各民族语言平等,都有使用自己民族语言的自由。在处理普通话与方言的关系上,一方面,规定公民应普遍具备说普通话的能力,并在必要的场合自觉使用普通话;另一方面,承认方言在一定场合具有自身的使用价值,推行普通话并不是消灭方言。

★ 思政元素

合力推进普通话　助力脱贫攻坚

2019 年,教育部、国务院扶贫办与国家语言文字工作委员会(国家语委)等合力推进普通话助力脱贫攻坚,并针对重点人群开展普通话培训,如在"三区三州"对建档立卡贫困人口中的青壮年农牧民、基层干部开展普通话培训,增强青壮年农牧民学习普通话的积极性、主动性等。

为大力实施"推普"(推广普通话)助力脱贫攻坚行动,2019 年,由 25 家国家语委成员单位组成的"推普"脱贫攻坚部际协调小组成立。通过上下协同,民族地区"推普"助力脱贫攻坚的情况被纳入 2019 年省级人民政府履行教育职责评价的指标体系,"推普"脱贫攻坚有关情况被纳入教育部与 13 个省区签署的《打赢教育脱贫攻坚战合作备忘录》。与此同时,2019 年,教育部、国务院扶贫办、国家语委、中国移动通信集团有限公司、科大讯飞股份有限公司联合签署了《"推普脱贫攻坚"战略合作框架》,推广"语言扶贫"App 项目;教育部与共青团中央联合开展推普助力脱贫攻坚大学生暑期社会实践活动,组织了两百余支实践团队、两千余名大学生深入中西部 345 个贫困乡村,开展"推普"宣传和培训。"推普"助力脱贫攻坚行动中特别强调加强贫困地区幼儿普通话教育,教育部与国务院扶贫办联合开展了"学前学会普通话"行动,还组织北京、浙江等东部六省份对口支援"三区三州"开展推普相关活动。据统计,2019 年,中西部 12 个省份培训教师 46.3 万人次、青壮年农牧民 195.8 万人次、基层干部 21.3 万人次。

(资料来源:改革网,2020 年 6 月 2 日,有改动)

第二节　普通话水平测试等级标准和大纲

我国语言工作者早在 20 世纪 80 年代初就开始研制普通话水平测试。1994 年 10 月,国家语言文字工作委员会、国家教育委员会(现教育部)、广播电影电视部(现国家广播电视总局)联合发布了《关于开展普通话水平测试工作的决定》。自此,普通话水平测试成为推广普通话工作逐步走向科学化、规范化、制度化的有效手段。2000 年 10 月,普通话水平测试等级标准正式写入《国家通用语言文字法》,该法律第十九条明确规定:"凡以普通话作为工作语言的岗位,其工作人员应当具备说普通话的能力。以普通话作为工作语言的播音员、节目主持人和影视话剧演员、教师、国家机关工作人员的普通话水平，应当分别达到国家规定的等级标准；对尚未达到国家规定的普通话等级标准的，分别情况进行培训。"第二十四条还明确规定："国务院语言文字工作部门颁布普通话水平测试等级标准。"普通话水平测试成为列入国家法律的名副其实的国家级考试。

一、普通话水平测试等级标准

1988 年，国家语言文字工作委员会成立"普通话水平测试等级标准"课题组，该课题组历时三年深入调查研究，广泛征求意见，并在若干省市对学校师生和"窗口"行业职工进行试测，在此基础上拟订了《普通话水平测试等级标准》，于 1991 年通过专家论证。1997 年，国家语言文字工作委员会正式颁布了《普通话水平测试等级标准（试行）》。该标准把普通话水平划分为三个级别（一级可称为标准的普通话，二级可称为比较标准的普通话，三级可称为一般水平的普通话），每个级别内划分甲、乙两个等次。

（一）一级普通话

1. 一级甲等

朗读和自由交谈时，语音标准；词汇、语法正确无误；语调自然，表达流畅；测试总失分率在 3% 以内。

2. 一级乙等

朗读和自由交谈时，语音标准；词汇、语法正确无误；语调自然，表达流畅；偶然有字音、字调失误；测试总失分率在 8% 以内。

（二）二级普通话

1. 二级甲等

朗读和自由交谈时，声韵调发音基本标准，少数难点音（平翘舌音、前后鼻尾音、边鼻音等）有时出现失误；词汇、语法极少有误；语调自然，表达流畅；测试总失分率在 13% 以内。

2. 二级乙等

朗读和自由交谈时，个别声调调值不准，声韵母发音有不到位现象；难点音（平翘舌音、前后鼻尾音、边鼻音、fu-hu、z-zh-j、送气不送气、i-ü 不分，保留浊塞音和浊塞擦音，丢介音，复韵母单音化等）失误较多；有使用方言词、方言语法的情况；方言语调不明显；测试总失分率在 20% 以内。

（三）三级普通话

1. 三级甲等

朗读和自由交谈时，声韵母发音失误较多，难点音超出常见范围，声调调值多不准；词汇、语法有失误；方言语调较明显；测试总失分率在 30% 以内。

2. 三级乙等

朗读和自由交谈时，声韵母发音失误多，方音特征突出；词汇、语法失误较多；方言语调明显；外地人听其谈话有听不懂的情况；测试总失分率在 40% 以内。

二、普通话水平测试大纲

国家实施普通话水平测试的依据是教育部和国家语言文字工作委员会于 2003 年颁布的《普通话水

平测试大纲》。测试内容共分为读单音节字词、读多音节词语、选择判断、朗读短文和命题说话 5 个部分。试卷构成和评分如下。

(一)读单音节字词(100 个音节，不含轻声、儿化音节)，限时 3.5 分钟，共 10 分

1. 目的

测查应试人声母、韵母、声调读音的标准程度。

2. 要求

(1)100 个音节中，70％选自《普通话水平测试用普通话词语表》"表一"，30％选自"表二"。

(2)100 个音节中，每个声母出现次数一般不少于 3 次，每个韵母出现次数一般不少于 2 次，4 个声调出现次数大致均衡。

(3)音节的排列要避免同一测试要素连续出现。

3. 评分

(1)语音错误，每个音节扣 0.1 分。

(2)语音缺陷，每个音节扣 0.05 分。

(3)超时 1 分钟以内，扣 0.5 分；超时 1 分钟以上(含 1 分钟)，扣 1 分。

(二)读多音节词语(100 个音节)，限时 2.5 分钟，共 20 分

1. 目的

测查应试人声母、韵母、声调和变调、轻声、儿化读音的标准程度。

2. 要求

(1)词语的 70％选自《普通话水平测试用普通话词语表》"表一"，30％选自"表二"。

(2)声母、韵母、声调出现的次数与读单音节字词的要求相同。

(3)上声与上声相连的词语不少于 3 个，上声与非上声相连的词语不少于 4 个，轻声不少于 3 个，儿化不少于 4 个(应为不同的儿化韵母)。

(4)词语的排列要避免同一测试要素连续出现。

3. 评分

(1)语音错误，每个音节扣 0.2 分。

(2)语音缺陷，每个音节扣 0.1 分。

(3)超时 1 分钟以内，扣 0.5 分；超时 1 分钟以上(含 1 分钟)，扣 1 分。

(三)选择判断，限时 3 分钟，共 10 分

1. 词语判断(10 组)

(1)目的：测查应试人掌握普通话词语的规范程度。

(2)要求：根据《普通话水平测试用普通话与方言词语对照表》，列举 10 组普通话与方言意义相对应但说法不同的词语，由应试人判断并读出普通话的词语。

(3)评分：判断错误，每组扣 0.25 分。

2. 量词、名词搭配(10 组)

(1)目的：测查应试人掌握普通话量词和名词搭配的规范程度。

(2)要求：根据《普通话水平测试用普通话与方言常见语法差异对照表》，列举 10 个名词和若干量

词，由应试人搭配并读出符合普通话规范的 10 组名量短语。

(3)评分：搭配错误，每组扣 0.5 分。

3. 语序或表达形式判断(5 组)

(1)目的：测查应试人掌握普通话语法的规范程度。

(2)要求：根据《普通话水平测试用普通话与方言常见语法差异对照表》，列举 5 组普通话和方言意义相对应但语序或表达习惯不同的短语或短句，由应试人判断并读出符合普通话语法规范的表达形式。

(3)评分：判断错误，每组扣 0.5 分。

选择判断合计超时 1 分钟以内，扣 0.5 分；超时 1 分钟以上(含 1 分钟)，扣 1 分。答题时语音错误，每个错误音节扣 0.1 分；如判断错误已经扣分，不重复扣分。

(四)朗读短文(1 篇，400 个音节)，限时 4 分钟，共 30 分

1. 目的

测查应试人使用普通话朗读书面作品的水平。在测查声母、韵母、声调读音标准程度的同时，重点测查连读音变、停连、语调以及流畅程度。

2. 要求

(1)短文从《普通话水平测试用朗读作品》中选取。

(2)评分以朗读作品的前 400 个音节(不含标点符号和括注的音节)为限。

3. 评分

(1)每错 1 个音节，扣 0.1 分；漏读或增读 1 个音节，扣 0.1 分。

(2)声母或韵母的系统性语音缺陷，视程度扣 0.5 分、1 分。

(3)语调偏误，视程度扣 0.5 分、1 分、2 分。

(4)停连不当，视程度扣 0.5 分、1 分、2 分。

(5)朗读不流畅(包括回读)，视程度扣 0.5 分、1 分、2 分。

(6)超时扣 1 分。

(五)命题说话，限时 3 分钟，共 30 分

1. 目的

测查应试人在无文字凭借的情况下说普通话的水平，重点测查语音标准程度、词汇语法规范程度和自然流畅程度。

2. 要求

(1)说话话题从《普通话水平测试用话题》中选取，由应试人从给定的两个话题中选定 1 个话题，连续说一段话。

(2)应试人单向说话。如发现应试人有明显背稿、离题、说话难以继续等表现时，主试人应及时提示或引导。

3. 评分

(1)语音标准程度，共 20 分，分六档。

一档：语音标准，或极少有失误。扣 0 分、0.5 分、1 分。

二档：语音错误在 10 次以下，有方音但不明显。扣 1.5 分、2 分。

三档：语音错误在 10 次以下，但方音比较明显；或语音错误为 10～15 次，有方音但不明显。扣 3

分、4分。

四档：语音错误为10～15次，方音比较明显。扣5分、6分。

五档：语音错误超过15次，方音明显。扣7分、8分、9分。

六档：语音错误多，方音重。扣10分、11分、12分。

(2)词汇语法规范程度，共5分，分三档。

一档：词汇、语法规范。扣0分。

二档：词汇、语法偶有不规范的情况。扣0.5分、1分。

三档：词汇、语法屡有不规范的情况。扣2分、3分。

(3)自然流畅程度，共5分，分三档。

一档：语言自然流畅。扣0分。

二档：语言基本流畅，口语化较差，有背稿子的表现。扣0.5分、1分。

三档：语言不连贯，语调生硬。扣2分、3分。

说话不足3分钟，酌情扣分：缺时1分钟以内(含1分钟)，扣1分、2分、3分；缺时1分钟以上，扣4分、5分、6分；说话不满30秒(含30秒)，本测试项成绩计为0分。

◀))) 小贴士

部分地区不考"选择判断"测试项。如果免测此项，"命题说话"测试项的分值由30分调整为40分。

☑ 知识巩固

普通话是规范的现代汉语，其"规范"指的是现代汉语在语音、词汇、语法等方面的标准。

《普通话水平测试等级标准(试行)》把普通话水平划分为三个级别(一级可称为标准的普通话，二级可称为比较标准的普通话，三级可称为一般水平的普通话)，每个级别内划分甲、乙两个等次。

☑ 复习与思考

1. 什么是普通话？推广和普及普通话有什么重要意义？

2. 为什么普通话教学中要特别重视语音教学？

3. 找出你在学习普通话的过程中存在的主要问题，并从发音和正音两个方面分析，制订一个学习计划，选择适合自己的练习材料进行训练。

思政园地 ★

乡约·相通
——大学生推广普通话志愿服务活动

"乡约·相通——大学生推广普通话志愿服务活动"(以下简称"活动")由江苏师范大学于2018年开始组织实施。活动聚焦大面积连片民族地区，以大学生志愿者为主体，面向青壮年农牧民、学前儿童等群体推广普通话。

活动将学术研究与实践服务相结合，为提升青壮年农牧民等群体的语言能力持续发力。截至2022年，主办方共组织大学生志愿者近1000人次深入原"三区三州"19个国家级贫困县143个贫困村开展"推普"（推广普通话）服务，入户调研6000余名群众。

志愿者们借助自编教材《最简实用普通话100句》，累计开展了7000多个课时的普通话教学，帮助了1000余人掌握外出务工所需要的基本普通话，助力青壮年群众通过外出务工摆脱贫困。

志愿者团队设计了新型快速双语教学方法（协同教学、同伴学习等），极大地提高了少数民族同胞学习普通话的兴趣与效率。志愿者团队还制定了验收方案，对学习者的普通话成果进行验收。

活动获得广泛的社会关注，被《人民日报》《光明日报》及中央广播电视总台的《新闻联播》《朝闻天下》等节目报道；获共青团中央、民政部等部委举办的第五届中国青年志愿服务项目大赛金奖，共青团中央、教育部等部门举办的第十七届全国大学生"挑战杯"红色专项赛全国特等奖，第十六届全国大学生"挑战杯"全国二等奖。

志愿者们有感于"推普脱贫"实践中的感人事迹，用镜头、用艺术作品记录下一个个珍贵的故事和感人的瞬间，创作出"推普脱贫攻坚"宣传纪录片、微电影、朗诵作品多部。"推普脱贫攻坚"系列活动极大地激发了大学生利用自己所学知识讲好"推普脱贫"的中国故事。

（资料来源：中国教育网络电视台，2022年12月22日，有改动）

讨论：

"情暖乡村，青力青为"，志愿者们在履行大力推广普通话责任的同时，让更多城镇乡村的同胞打破了交流障碍与隔阂，促进了偏远山区的发展，也谱写了自己的青春之歌，讲好了中国故事。对于他们的事迹，你有什么感悟？

第二章

语音

本章导读

语言是人类社会特有的，是社会成员之间交流思想、传递信息的有效交际方式，是人类社会赖以生存和发展的必要条件。语音是指人类通过发音器官发出的，具有一定意义和目的，用来进行社会交际的声音。音素是最小的语音单位，可以分为元音和辅音两大类。音节是由音素构成的语音片断，是听话时自然感到的最小的语音单位。普通话的音节一般由声母、韵母和声调 3 个部分组成。

学习目标

1. 理解语音的基本概念。
2. 掌握元音的发音。
3. 掌握辅音的发音。

第一节 语音概述

一、语音的性质

语音是指人类通过发音器官发出的，具有一定意义和目的，用来进行社会交际的声音。它与自然界的其他声音一样具有物理属性，不同的是，语音还具有生理属性和社会属性。

(一)语音的物理属性

语音是通过人体器官发出的声音，它与自然界的其他声音一样，是由物体振动引起的，具有物理属性。语音可以从音色、音高、音强和音长4个方面来分析。

1. 音色

音色也称音质，是声音的特色和本质，也是我们识别语音最重要的元素，音色由发声体振动所形成的音波波纹的形式决定。不同的发声体由于材料、结构不同，发出声音的音色也不同。不同音位、不同发音方法会产生不同的音色，不同的声带、共鸣腔体也会表现出不同的声音特质。

2. 音高

音高是指声音的高度(高低)，它是由发声体振动的频率决定的。频率越高，音高越高，我们听觉上感受的声调就越高。普通话音高变化的不同引起声调的不同，四个声调如阴平"妈"(音高不变)、阳平"麻"(音高上升)、上声"马"(音高先下降后上升)和去声"骂"(音高下降)，就体现出音高的明显变化。随着发声体长短、粗细、厚薄和松紧等的不同，音高也会出现相应的变化。人体发音器官声带有长短、厚薄、松紧的区别，一般来说，男性的声带长、松、厚，女性的声带短、紧、薄，因此通常女性发出的声音比男性发出的声音要高。

3. 音强

音强是指声音的强弱，它是由发声体振动幅度的大小决定的，振幅越大，音强越强。由于每个人的声音条件和发音方法不同，音强也会出现差异。一般来说，经过训练的声音的音强较强，反之较弱。同样的音高，男性的声音往往比女性的声音要强。

4. 音长

音长是指声音持续的长短，它是由发声体振动持续时间的长短决定的。对语音来说，声带振动持续的时间长，声音就长；声带振动持续的时间短，声音就短。有的语言用音的长短来区别意义。

(二)语音的生理属性

语音是由人类的发音器官所发出的，这就决定了语音具有生理属性。要了解语音的生理属性，就必须了解发音器官。人类的发音器官可以分为以下3个部分。

1. 呼吸器官

呼吸器官包括肺和气管。肺部呼吸所形成的气流是发音的动力，气流量的大小直接决定了声音的强弱。气流通过气管到达喉部，作用于声带、喉头、鼻腔等发音器官，发出不同的声音。

2. 发声器官

发声器官包括喉头和声带。喉头起通道的作用，由甲状软骨、环状软骨和两块勺状软骨组成。声带位于喉头的中间，声带前端附着在甲状软骨上，后端分别与两块勺状软骨相联结，是两片富有弹性的薄膜。两片声带中间的空隙叫声门。当人们呼吸和发噪音时，声门打开，气流可以自由地呼出；而发乐音和说话时，声门闭合，两条声带靠近，中间留一条窄缝，气流必须从声门的窄缝里挤出，使声带受到振动，从而发出响亮的声音。

3. 共鸣器官

共鸣器官包括喉腔、咽喉、口腔和鼻腔。它们组成一个形似喇叭的声道，产生共鸣。由于共鸣腔的大小和形状不同，发出的声音在音色上也不同。

(三)语音的社会属性

语音是一种社会现象。语音是语义的载体，这种功能是社会赋予的，语音的社会属性主要表现为民族特征和地域特征。语音的民族特征可以从汉语跟其他语言的比较中显示出来，如英语和汉语。汉语语音中有送气和不送气的区分，它具有区分意义的作用，如 bō(波)和 pō(泼)。英语中虽然也有送气和不送气的区分，但这种区分并不具有区分意义的作用。语音的地域特征可以从普通话和方言的比较中显示出来，如在很多地区 z、c、s 和 zh、ch、sh 是不分的，"陈"和"岑"的发音是相同的，而在普通话中两者的区分是很清楚的。

二、语音的基本概念

(一)音素

音素是最小的语音单位，可以分为元音和辅音两大类。普通话中共有 32 个音素，其中元音音素 10 个，辅音音素 22 个。

(二)音节

音节是由音素构成的语音片断，是听话时自然感到的最小的语音单位，由一个或几个音素组成，其中包含一个比较响亮的中心。一句话里，有几个响亮的中心就是有几个音节。一般来说，在汉语中，一个汉字由一个音节构成，一个音节用一个汉字表示。儿话音节是例外。

(三)音位

音位是一个语言系统中能够区分词义的最小语音单位。根据国际语音学会的定义，音位是"某个语言里不加分别的一族相关的声音"。

三、语音中的音节

拼音语言的音节是由元音和辅音组合发音的，汉语的音节是由声母和韵母组合发音的，能单独发音的元音也是一个音节。普通话的音节一般由声母、韵母和声调 3 个部分组成。

(一)元音、辅音

元音也称"母音"，它是语言里最响亮的声音，是"乐音"。发音时，气流(原动力)通过声门，使声带(发声体)振动而产生乐音性质的声波。声波到达口腔能自由通过而不受阻碍。但当声波通过时，由于口腔形状的变化，也就是共鸣器官形状的改变，导致形成各种不同的元音。发元音时，口腔和舌头的肌肉都保持均衡的紧张状态，气流没有发辅音时那样强。

辅音也称"子音"，它是指发音时，气流从肺中呼出，经过声门、咽腔、口腔或鼻腔时，受到各个器官不同程度的阻碍而形成的音。由于阻碍部位(发音部位)、形成阻碍及消除阻碍的方式(发音方法)

不同，从而形成不同的辅音。例如，b、d、g发音不同，是由于发音部位的不同；b、p发音不同，是由于发音方法的不同。发辅音时，有关阻碍部位的肌肉产生局部的紧张。例如，发d时，舌尖部位紧张；发g时，舌面后部紧张。发辅音时的气流要比发元音时的气流强。语音学上将发辅音的过程分为"成阻""持阻""除阻"三个阶段。成阻，是发音时阻碍作用的形成，是发音器官从静止状态或其他状态转到发一种辅音时所必须构成阻碍状态的过程。持阻，是发音过程中阻碍作用的持续，是发音器官从开始成阻到最后除阻的中间过程。除阻，是发音过程中阻碍作用的消除，是发音器官从某一状态转到原来静止状态或其他状态的过程。

(二)声母、韵母、声调

声母是汉语字音结构的起始部分，是使用在韵母前面的辅音，跟韵母一起构成一个完整的音节。韵母是汉语字音结构中声母后面的部分。韵母又可以分成韵头(介音)、韵腹(主要元音)、韵尾3个部分。每个韵母一定有韵腹，但不一定有韵头和韵尾。汉语是有声调的语言。声调是构成汉语音节的一个要素，每个音节除了声母和韵母外，还要有一个声调。声调具有区别意义的作用，如随着声调的变化，hua的意义就完全不同，可以是huā(花)，也可以是huá(华)、huà(化)。普通话中共有阴平、阳平、上声和去声四个声调。声调符号标在音节的主要元音上，轻声不标。

(三)辅音与声母

从声音的性质上说，辅音与声母是一样的。但是辅音和声母也有不同：声母除零声母外都由辅音充当；辅音可以充当声母，也可以做韵尾，在一些方言里还可以自成音节。

(四)元音与韵母

韵母和元音不同：元音可以做韵母，如单元音韵母、复元音韵母；韵母除由元音充当以外，还可以由元音和辅音一起构成。在普通话中，韵母主要由元音来充当，有的韵母中也有辅音，但只限于n和ng。换一个角度说，元音都可以充当韵母或作为韵母的一个组成部分，但韵母不全是元音。

> **知识延伸**
>
> "音系"和"音位"是音系学的概念。音系是语音系统的简称。音位是指从语言的社会功能出发，不仅仅把语音看成是物理或生理的差别，而是在某种语言中，把语音归纳为数目有限的、有辨义作用的语音单位。

第二节　元音

一、元音的发音原理

元音发音的不同，主要是由发音时不同的口腔形状造成的。口腔形状的不同又是由舌位的高低、舌位的前后、唇形的圆展(圆唇与不圆唇)造成的。舌位，是指发单元音时，舌面离上腭最近点的位置，也就是舌面着力点的部位，舌位可抬高、降低，可伸前、缩后。嘴唇收圆，发出的元音叫作圆唇元音；嘴唇展开，发出的元音叫作不圆唇元音(展唇元音)。

根据舌头起作用的部位，单元音可以分为舌面元音、舌尖元音和卷舌元音 3 类，而舌面元音占绝大多数。现代汉语普通话一共有 10 个单元音，其中，舌面元音有 7 个，舌尖元音有 2 个，卷舌元音有 1 个。

(一)舌面元音

舌面元音是发音时由舌面起主要作用的元音，有 ɑ、o、e、ê、i、u、ü 7 个。

舌面元音的发音主要由舌位的高低、舌位的前后、唇形的圆展 3 个条件决定。

1. 舌位的高低

舌位的抬高和降低，同口腔的开口度大小有关。舌位越高，口腔的开口度越小；舌位越低，口腔的开口度越大。通常把舌位的高低划分为四度：高、半高、半低、低。相应地，根据发音时的舌位情况，把元音分为高元音、半高元音、半低元音、低元音。

2. 舌位的前后

根据舌面隆起部分(近腭点)的位置，可将舌位的前后分为三度：前、央、后。相应地，按发音时的舌位情况，把元音分为前元音、央元音、后元音。

3. 唇形的圆展

发音时嘴唇拢圆的元音为圆唇元音，嘴唇不拢圆的元音为不圆唇元音(展唇元音)。

(二)舌尖元音

舌尖元音是指发音时由舌尖起主要作用的元音，它由舌尖活动的前后和唇形的圆展来决定，有 -i(前)、-i(后)2 个。

舌尖前元音只出现在声母 z、c、s 后面，舌尖后元音只出现在声母 zh、ch、sh、r 后面。

(三)卷舌元音

卷舌元音 er 在《汉语拼音方案》中用 e、r 两个符号来标写，但这并不代表 er 由两个音素构成，它仍属于单元音，只是发音比较特殊，故有人称它为"特殊元音"。

卷舌元音 er 中的 e 代表央元音，是 er 的主体部分。er 中的 r 并不是一个音素，它只是表示在发主体音 e 时的一个伴随动作——卷舌。

二、舌面元音舌位唇形图及单元音的发音描述

图 2-1 所示为一个不等边四边形的舌面元音舌位唇形图，它表示发元音时舌位的高低、舌位的前后和唇形的圆展。舌面抬起，距离上腭近为高；反之，则为低。舌头向前伸为前，向后缩为后。图中纵线上各点表示舌位的高低，从上到下分为高、半高、半低、低四度。横线上各点表示舌位的前后，从左到右分为前、央、后三度。图中方括号内标的符号是国际音标。图中以左右两条纵线为界，纵线左边的音是不圆唇元音，纵线右边的音是圆唇元音。

根据舌面元音舌位唇形图和前面的文字解说，可以对 ɑ、o、e、ê、i、u、ü 这 7 个舌面单元音的发音情况给予简明扼要的描述。

ɑ[A]：舌面、央、低、不圆唇元音。

o[o]：舌面、后、半高、圆唇元音。

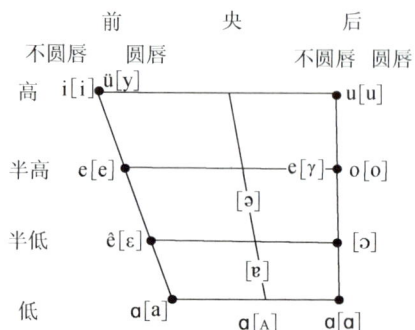

图 2-1　舌面元音舌位唇形图

e[ɣ]：舌面、后、半高、不圆唇元音。

ê[ɛ]：舌面、前、半低、不圆唇元音。

i[i]：舌面、前、高、不圆唇元音。

u[u]：舌面、后、高、圆唇元音。

ü[y]：舌面、前、高、圆唇元音。

现在，可以采取类比联想的办法对-i(前)、-i(后)和er这3个舌位活动不在舌面的单元音的发音进行描述。

-i(前)[ɿ]：舌尖、前、高、不圆唇元音。

-i(后)[ʅ]：舌尖、后、高、不圆唇元音。

er[ər]：卷舌、央、中、不圆唇元音。

第三节 辅音

一、辅音的发音

普通话共有22个辅音，辅音发音的不同是由发音部位和发音方法不同决定的。

(一)辅音的发音部位

按照发音部位的不同，普通话的辅音可以分为7类。

(1)双唇音：由上唇和下唇接触或接近，使气流受阻而造成，分别是b、p、m。

(2)唇齿音：由上齿和下唇接触或接近，使气流受阻而造成，只有f。

(3)舌尖前音：由舌尖和上齿背接触或接近，使气流受阻而造成，分别是z、c、s。又称"平舌音"。

(4)舌尖中音：由舌尖和上齿龈接触或接近，使气流受阻而造成，分别是d、t、n、l。

(5)舌尖后音：由舌尖卷起和硬腭前部相接触或接近，使气流受阻而造成，分别是zh、ch、sh、r。又称"卷舌音"或"翘舌音"。

(6)舌面前音：由舌面前部和硬腭前部相接触或接近，使气流受阻而造成，分别是j、q、x。

(7)舌面后音：由舌面后部和软腭相接触或接近，使气流受阻而造成，分别是g、k、h、ng。又称"舌根音"。

(二)辅音的发音方法

辅音的发音方法可以从阻碍的方式、声带是否振动、是否送气3个方面来观察。

1. 阻碍的方式

根据形成阻碍及消除阻碍方法的不同，普通话的辅音可分为5类。

(1)塞音：发音时，发音部位完全闭塞，构成阻碍，气流冲破阻碍，迸裂而出，爆发成声，分别是b、p、d、t、g、k。也称"爆发音"或"破裂音"。

(2)擦音：发音时，发音部位接近，留有一条窄缝，气流由窄缝中挤出，摩擦成声，分别是f、h、x、sh、r、s。也称"摩擦音"。

(3)塞擦音：发音时，发音部位先是全部闭塞，然后气流把阻塞部位冲开一条窄缝，再从窄缝中挤出，摩擦成声，分别是 j、q、zh、ch、z、c。这类辅音兼有塞音与擦音的特点，前半部分像塞音，后半部分像擦音，前后发音过程紧密结合，形成一个完整的辅音。

（4）鼻音：发音时，口腔中的发音部位完全闭塞，软腭下降，声带振动，气流从鼻腔通过，分别是 m、n、ng。

（5）边音：发音时，舌尖抵住上齿龈，声带振动，气流从舌头的两边通过，只有 l。

2. 声带是否振动

根据声带是否振动，可以把辅音分为清辅音和浊辅音两类。

发音时声带不振动而发出的辅音叫作清辅音，分别是 b、p、f、d、t、g、k、h、j、q、x、zh、ch、sh、z、c、s。

相反，声带振动发出的辅音叫作浊辅音，分别是 m、n、l、r、ng。

3. 是否送气

塞音与塞擦音有送气和不送气的区别，可以把辅音分为送气音与不送气音两类。

送气音，是指发辅音时，除阻后有一股显著的气流跟着喷出来，分别是 p、t、k、q、ch、c。

反之，则称为不送气音，分别是 b、d、g、j、zh、z。

塞音和塞擦音的送气或不送气，在汉语里有区别词义的作用。如普通话的"怕—爸""替—第"等。

二、辅音简表

依照以上分析，我们以简表（见表 2-1）的形式对辅音进行描述。

表 2-1　普通话辅音总表

发音方法　　　发音部位	塞音		塞擦音		擦音		鼻音	边音
	清音		清音		清音	浊音	浊音	浊音
	不送气音	送气音	不送气音	送气音				
双唇音	b	p						m	
唇齿音					f			
舌尖前音			z	c	s			
舌尖中音	d	t					n	l
舌尖后音			zh	ch	sh	r		
舌面前音			j	q	x			
舌面后音	g	k			h		ng	

根据上述普通话辅音总表，以辅音的发音部位为序，分别从辅音的发音部位、发音方法、是否送气、声带是否振动等方面对普通话中的 22 个辅音进行描述。

（一）双唇音

b：双唇、不送气、清、塞音。

p：双唇、送气、清、塞音。

m：双唇、浊、鼻音。

（二）唇齿音

f：唇齿、清、擦音。

(三)舌尖前音

z：舌尖前、不送气、清、塞擦音。

c：舌尖前、送气、清、塞擦音。

s：舌尖前、清、擦音。

(四)舌尖中音

d：舌尖中、不送气、清、塞音。

t：舌尖中、送气、清、塞音。

n：舌尖中、浊、鼻音。

l：舌尖中、浊、边音。

(五)舌尖后音

zh：舌尖后、不送气、清、塞擦音。

ch：舌尖后、送气、清、塞擦音。

sh：舌尖后、清、擦音。

r：舌尖后、浊、擦音。

(六)舌面前音

j：舌面前、不送气、清、塞擦音。

q：舌面前、送气、清、塞擦音。

x：舌面前、清、擦音。

(七)舌面后音

g：舌面后、不送气、清、塞音。

k：舌面后、送气、清、塞音。

h：舌面后、清、擦音。

ng：舌面后、浊、鼻音，只作韵尾。

🧰 知识延伸

元音和辅音的区别

元音和辅音的区别主要有4点。

第一，元音发音时，气流不受阻碍；辅音发音时，气流通过口腔、鼻腔时受到阻碍。

第二，元音发音时，发音器官各部位保持均衡的紧张状态；辅音发音时，构成阻碍的部位比较紧张，其他部位比较松弛。

第三，元音发音时，气流较弱；辅音发音时，气流较强。

第四，元音发音时，声带要振动，发出的声音比较响亮；辅音发音时，有的声带振动，发出的声音响亮，如m、n、l、r，有的声带不振动，发出的声音不响亮，如b、t、z、c。

知识巩固

音素、音节、音位是语音的基本概念。音节是由音素构成的语音片断，是听话时自然感到的最小的语音单位。拼音语言的音节是由元音和辅音组合发音的，汉语的音节是由声母和韵母组合发音的，能单独发音的元音也是一个音节。普通话的音节一般由声母、韵母和声调3个部分组成。声母是汉语字音结构的起始部分，韵母是声母后面的部分。每个音节除了声母和韵母外，还要有一个声调。

元音也称"母音"，它是语言里最响亮的声音，是"乐音"。元音根据舌头起作用的部位，可以分为舌面元音、舌尖元音和卷舌元音3类，而舌面元音占绝大多数。

辅音也称"子音"，普通话共有22个辅音，辅音发音的不同是由发音部位和发音方法的不同而决定的。

复习与思考

1. 语音包含哪些基本概念？
2. 元音与辅音之间的区别在哪里？
3. 元音的性质是什么？元音的发音原理是怎样的？
4. 辅音的性质是什么？辅音是怎样分类的？

思政园地 ★

安阳师范学院"筑梦·逐光·爱暖四方支教团"开展普通话宣传活动

2021年9月，安阳师范学院支教团以"我是中国娃，爱讲普通话"为主题，在河南省安阳市开展了普通话宣传活动。

做好准备，全面部署：为将普通话的推广落到实处，安阳师范学院成立了"筑梦·逐光·爱暖四方支教团"，在安阳市部分地区进行普通话调查以及推广。支教团成员由19人组成，他们分别从爱国教育、安全教育、趣味语文、普通话演讲等方面推广普通话。

积极宣传，营造氛围：支教团成员借助多彩课堂开展了多项特色活动。例如，在趣味语文课堂中，支教团成员用趣味绘本调动学生对普通话的兴趣，通过绕口令让学生练习普通话；在爱国教育中，支教团成员带领学生集中观看爱党爱国的视频、唱红色歌曲，激发学生的爱国热情和学习普通话的热情。

走访调查，全面推广：支教团成员还对部分学生家庭、村干部进行走访，调查普通话推广现状，同时告诉大家学习普通话有助于营造良好的语言环境，推动社会经济、政治、文化建设，助力脱贫攻坚。支教团成员的一系列宣讲引发了学生、家长、村干部对普通话推广重要性的思考。

本次普通话宣传活动，支教团成员通过耐心教导、悉心陪伴，让学生想张口、能张口、敢张口。同时，支教团成员也在这一活动中增长了才干，增强了教育教学的实践能力，丰富和深化了专业理论素养。

（资料来源：安阳师范学院团委微信公众号，2021年8月28日，有改动）

讨论：

1. 你从支教团成员身上学到了哪些品质？
2. 在日常生活中，你是如何推广普通话的？

第三章

声母训练

声母发音准确是字音清晰的基础，在训练中要着重区分声母的成阻部位和发音方法。

在成阻部位上，要注意成阻部位的接触面积越小越好，力量集中，善用巧力，可以按照成阻部位由前及后的顺序进行体会。双唇阻 b、p、m，注意双唇中间着力，避免用力抿嘴；唇齿阻 f，注意避免下唇过度紧张产生 u 的音色；舌尖前阻 z、c、s，注意避免舌尖碰触上下牙齿中间；舌尖中阻 d、t、n、l，注意避免舌尖过度贴合齿龈；舌尖后阻 zh、ch、sh、r，注意避免舌尖过度后卷；舌面阻 j、q、x，注意加强舌面中线上挺的力量；舌根阻 g、k、h、ng，注意舌根向前用力，避免舌体回吞。在发音方法上，注重区分同一成阻部位的塞音、塞擦音、擦音在成阻、持阻及除阻阶段的不同，注重区分同一成阻部位的塞音和塞擦音送气与否的练习。声母训练中尤其注意加强双唇中部的力量，同时注意舌尖的灵活性训练。

学习目标

1. 掌握声母的含义与分类。
2. 掌握声母发音的要领并进行训练。
3. 进行声母难点音对比训练。

第一节 声母概述

一、声母的含义

根据汉语语音学的传统分析方法，可以把汉语音节分成声母、韵母和声调 3 个部分。声母就是汉语音节开头的辅音部分，普通话共有 21 个辅音声母。辅音的主要特点是发音时气流在口腔中受到阻碍，所以也可以说，声母发音的过程也就是气流受到阻碍和克服阻碍的过程。此外，还有一些音节仅由韵母构成，比如安(ān)、一(yī)等，被称为零声元音节。声母发音到位与否直接影响字音的准确度。以下是发音器官示意图(见图 3-1)和普通话声母表(见表 3-1)。

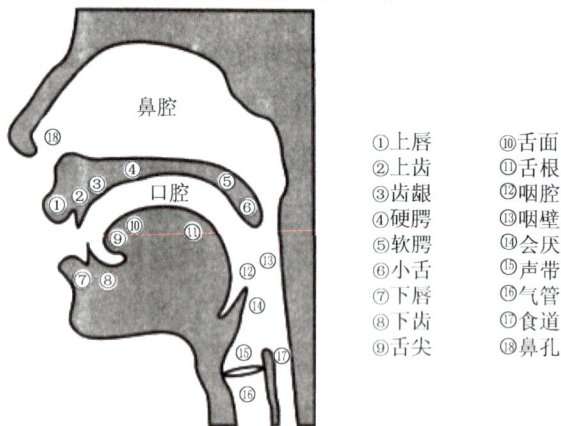

图 3-1 发音器官示意图

① 上唇　⑩ 舌面
② 上齿　⑪ 舌根
③ 齿龈　⑫ 咽腔
④ 硬腭　⑬ 咽壁
⑤ 软腭　⑭ 会厌
⑥ 小舌　⑮ 声带
⑦ 下唇　⑯ 气管
⑧ 下齿　⑰ 食道
⑨ 舌尖　⑱ 鼻孔

表 3-1 普通话声母表

b	玻	p	坡	m	摸	f	佛
d	得	t	特	n	讷	l	勒
g	哥	k	科	h	喝		
j	基	q	欺	x	希		
zh	知	ch	蚩	sh	诗	r	日
z	资	c	雌	s	思		
零声母	安						

二、声母的分类

(一)根据发音部位

(1)双唇音：上唇和下唇闭合构成阻碍，有 3 个，分别是 b、p、m。

(2)唇齿音：下唇和上齿靠拢构成阻碍，只有 1 个 f。

(3)舌尖前音：舌尖与上齿背接触或接近构成阻碍，有 3 个，分别是 z、c、s。

(4)舌尖中音：舌尖与上齿龈(上牙床)接触构成阻碍，有 4 个，分别是 d、t、n、l。

（5）舌尖后音：舌尖卷起与硬腭前部接触或接近构成阻碍，有 4 个，分别是 zh、ch、sh、r。

（6）舌面前音：舌面前部与硬腭前部接触或接近构成阻碍，有 3 个，分别是 j、q、x。

（7）舌面后音：舌面后部与软腭接触或接近构成阻碍，有 3 个，分别是 g、k、h。

（二）根据发音方法

（1）塞音：又叫闭塞音，有 6 个，分别是 b、p、d、t、g、k。成阻、持阻时发音部位紧紧靠拢，完全关闭气流通道，除阻时阻碍突然解除，气流透出，产生塞音。

（2）擦音：又叫摩擦音，有 6 个，分别是 f、h、x、sh、s、r。成阻、持阻时发音部位靠近而不完全闭塞，留出间隙，让气流从间隙摩擦通过成声，产生擦音，除阻时发音结束。

（3）塞擦音：塞擦音有 6 个，分别是 j、q、zh、ch、z、c。成阻、持阻时发音部位先闭塞，然后放松，闭塞部分形成间隙，让气流摩擦通过成声，产生塞擦音，除阻时发音结束。塞擦音的发音方法是塞音与擦音两种方法的结合。

（4）鼻音：鼻音有 2 个，分别是 m、n。成阻时发音部位紧紧靠拢，关闭口腔气流通道；持阻时声带振动，软腭下垂，气流通过鼻腔，气流经口腔和鼻腔形成双重共鸣，除阻时发音结束。

（5）边音：边音只有 1 个 l。成阻、持阻时舌尖上抬和上齿龈后部接触，口腔中部闭塞，气流从舌头两边空隙中流出的同时声带振动，产生边音，除阻时发音结束。

（三）根据声带振动与否

根据发音时声带是否振动，声母分为浊音和清音：浊音有 4 个，分别是 m、n、l、r，发音时声带振动；清音有 17 个，分别是 b、p、f、d、t、g、k、h、j、q、x、zh、ch、sh、z、c、s，发音时声带不振动。

（四）根据送气与否

根据声母发音时呼出气流的强弱，把呼出气流较强的称为送气音，呼出气流较弱的称为不送气音。这里尤其应该注意到对于具有对应关系的塞音和塞擦音的分辨：送气音有 6 个，分别是 p、t、k、q、ch、c；不送气音有 6 个，分别是 b、d、g、j、zh、z。

第二节　声母发音要领与训练

一、双唇音 b、p、m

b[p] 双唇、不送气、清、塞音

［发音要领］发音时，双唇闭拢，软腭上升，关闭鼻腔通道，声带不振动，让较弱的气流突然冲开双唇的阻碍成声（见图 3-2）。

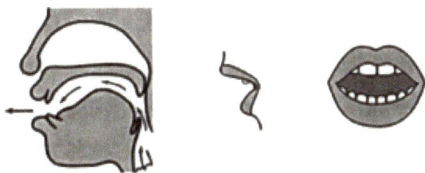

图 3-2　b 发音示意图

[词语练习]

单音节：

爸 播 白 报 版 帮 别 被 蹦 北 本 毕 不

斌 冰 补 表 变 班 崩 拔 鼻 贝 薄 病 包

双音节：

宝贝 斑驳 辨别 把柄 爸爸 卑鄙 本部 表白 步兵

刨冰 褒贬 蚌埠 败笔 版本 冰雹 伯伯 背部 碧波

保镖 臂膀 靶标 病变 遍布 彬彬 播报 八宝 百般

四音节：

八拜之交 百折不挠 半信半疑 饱经风霜 杯水车薪

并行不悖 兵荒马乱 背道而驰 博古通今 不慌不忙

霸王别姬 拔刀相助 白发千丈 百鸟朝凤 保国安民

[情景语句]

没有悲剧就没有悲壮，没有悲壮就没有崇高。雪峰是伟大的，因为满坡掩埋着登山者的遗体；人生是伟大的，因为有白发，有诀别，有无可奈何的失落。

地下党员刘宝被捕后，被敌人百般折磨，依然笑着对敌人说："你们不要白费力气了，胜利属于新中国，你们注定是要失败的。"

p[pʰ] 双唇、送气、清、塞音

[发音要领]发音方法与 b 相近，不同的是发 p 时有一股较强的气流冲开双唇(见图 3-3)。

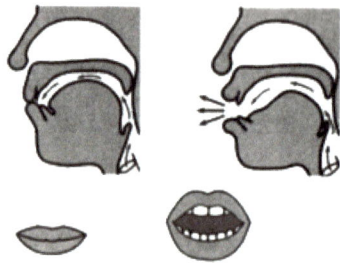

图 3-3 p 发音示意图

[词语练习]

单音节：

爬 皮 婆 拍 陪 跑 片 票 抛 喷 碰 排 凭

胖 盘 怕 剖 撇 盆 裴 蒲 魄 飘 瀑 蓬 品

双音节：

婆婆 拼盘 品评 平抛 偏颇 批判 爬坡 澎湃 拍片

偏僻 乒乓 破皮 攀爬 漂萍 铺平 匹配 铺排 琵琶

怦怦 批评 排炮 品牌 频谱 偏旁 瓢泼 刨皮 噼啪

四音节：

平起平坐 排山倒海 攀龙附凤 盘根错节 喷薄欲出

鹏程万里 披星戴月 破釜沉舟 铺天盖地 刨根问底

拍案而起 迫不及待 漂泊不定 蓬荜生辉 旁门左道

[情景语句]

小宝宝喜欢吹泡泡，泡泡绕着小宝宝，小宝宝还跑来跑去到处拍泡泡，可是泡泡太多，宝宝怎么也拍不完。

爬坡总是比下坡要费劲些，但是我们需要爬坡，需要不断努力，有时甚至要"破釜沉舟"，不能总是"四平八稳"。

m[m] 双唇、浊、鼻音

[发音要领]发音时，双唇闭拢，软腭下降，打开鼻腔通道，气流从鼻腔出来，同时振动声带，从鼻腔通过形成鼻音(见图3-4)。

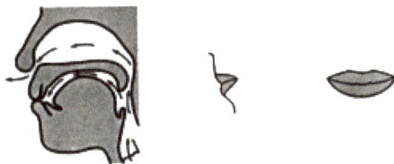

图3-4　m发音示意图

[词语练习]

单音节：

妈　麦　毛　谋　忙　蒙　灭　美　茂　米　木　莽　闷

莫　缪　民　鸣　门　梦　瞒　么　苗　棉　闽　弥　煤

双音节：

埋没　美妙　茂密　蒙昧　弥漫　密码　迷茫　美满　卖命

牧马　眉毛　明媚　命名　麻木　盲目　门面　民盟　孟买

麦苗　泯灭　棉麻　美貌　谩骂　眉目　买卖　默默　妹妹

四音节：

面目全非　马革裹尸　美轮美奂　满面春风　茫然若失

秘而不宣　毛骨悚然　眉开眼笑　渺无人烟　明镜高悬

目不斜视　茫无所知　卖友求荣　莫名其妙　妙手回春

[情景语句]

在阳光和水的沐浴下，田里的禾苗苗壮成长，毛老汉看着密密麻麻的禾苗，眉开眼笑，心想：今年一定有个好收成，但愿明年、后年也都好。

小麦家的大花猫一下生了三只小花猫，猫妈妈和猫爸爸带着小宝宝们在明媚的阳光下漫步，好一个和谐美满的家庭啊！

[绕口令练习]

炮兵和步兵(b、p、m)

炮兵攻打八面坡，炮兵排排炮弹齐发射。步兵逼近八面坡，歼敌八千八百八十多。

八百标兵(b、p)

八百标兵奔北坡，北坡炮兵并排跑。炮兵怕把标兵碰，标兵怕碰炮兵炮。

爸爸抱宝宝(b、p)

爸爸抱宝宝，跑到布铺买布做长袍。宝宝穿了长袍不会跑，跑了八步就拉破了布长袍。布长袍破了还要用布补，再跑到布铺买布补长袍。

买和卖(m)

买是买,卖是卖,做买卖是既要买来又要卖,买卖不公没买卖,买卖人做事要实在。

二、唇齿音 f

f[f] 唇齿、清、擦音

[发音要领]发音时,下唇向上齿靠拢,形成间隙,软腭上升,关闭鼻腔通道,声带不振动,气流从唇齿之间的间隙摩擦通过成声(见图 3-5)。

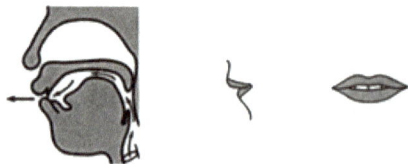

图 3-5 f 发音示意图

[词语练习]

单音节:

发 佛 非 否 风 粉 附 饭 芳 罚 副 焚 福

房 放 奋 份 富 匪 翻 逢 泛 伏 反 帆 肺

双音节:

发放 福分 非凡 肺腑 仿佛 纷飞 犯法 蜂房 丰富

佛法 夫妇 反复 风范 房费 防腐 负分 芬芳 放风

反讽 风帆 吩咐 狒狒 付费 翻番 发疯 奋发 非法

四音节:

翻来覆去 发扬光大 反腐倡廉 飞黄腾达 纷至沓来

非同凡响 愤世嫉俗 风卷残云 福如东海 附庸风雅

反复无常 防微杜渐 峰回路转 浮想联翩 沸沸扬扬

[情景语句]

走进后院,立刻感受到各种花的芳香,走入园中,仿佛置身于花的海洋。蜜蜂则飞来飞去,忙个不停。

中国人是有骨气的,当他们漂泊异国他乡时,基本不领取当地政府发放的救济金,而是努力工作,奋发图强,往往多年以后还会创造出非凡的业绩。

[绕口令练习]

画凤凰(f)

粉红墙上画凤凰,红凤凰,粉凤凰,粉红凤凰,花凤凰,全都仿佛活凤凰。

大佛山和大夫山(f)

大夫山前有个大佛山,大佛山后有个大夫山。翻过大佛山就是大夫山,绕过大夫山来到大佛山。

缝裤缝(f)

一条裤子七道缝,斜缝、竖缝和横缝,缝了斜缝缝竖缝,缝了竖缝缝斜缝。

峰和凤(f)

峰上有蜂,峰上凤飞蜂蛰凤;风中有凤,风中蜂飞凤斗蜂。不知到底是峰上蜂蛰凤,还是风中凤斗蜂。

三、舌尖前音(平舌音)z、c、s

z[ts] 舌尖前、不送气、清、塞擦音

[发音要领]发音时,舌尖向上轻轻抵住上齿背,软腭上升,关闭鼻腔通道,声带不振动,让较弱的气流冲开阻碍形成间隙,气流从间隙中挤出,摩擦成声(见图 3-6)。

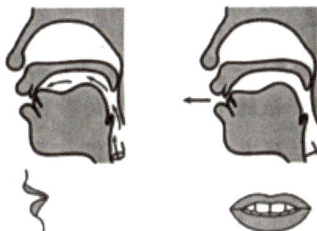

图 3-6　z 发音示意图

★ 视频

声母z的发音练习

[词语练习]

单音节:

杂 字 再 赞 脏 泽 怎 增 组 尊 走 总 昨
贼 栽 左 综 嘴 钻 足 奏 紫 糟 藏 咱 宰

双音节:

自尊　宗族　走卒　在座　总则　藏族　再造　粽子　凿子
呲嘴　簪子　遭罪　栽赃　做贼　崽子　祖宗　罪责　座子
脏字　做作　啧啧　樽俎　最早　自在　凿凿　杂字　自责

四音节:

载歌载舞　贼眉鼠眼　赞不绝口　自惭形秽　杂乱无章
字斟句酌　走南闯北　足智多谋　作茧自缚　早出晚归
责无旁贷　自给自足　再三再四　造谣中伤　增砖添瓦

[情景语句]

在我人生旅途的每一次坎坷中,都是母亲用爱和鼓励滋润着我。她总说:"没事的,失败是在所难免的,但只要拥有锲而不舍、再接再厉的精神,不断努力,就足够了。"

藏族自称"博巴",意为农业人群,是最早起源于雅鲁藏布江流域的农业部落。目前,主要聚居在西藏自治区以及青海、甘肃、四川、云南等省。藏族有自己的语言和文字。藏语属汉藏语系藏缅语族藏语支,分卫藏、康方、安多三种方言。

c[tsʰ] 舌尖前、送气、清、塞擦音

[发音要领]发音方法与 z 相近,不同的是用较强的气流冲破阻碍(见图 3-7)。

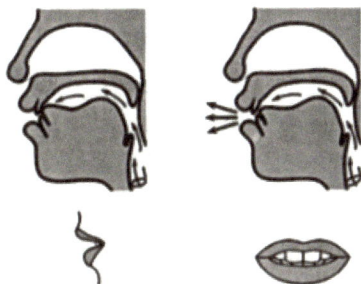

图 3-7　c 发音示意图

★ 视频

声母c的发音练习

[词语练习]

单音节：

擦 残 苍 粗 草 搓 册 采 凑 村 聪 词 醋

此 翠 存 错 窜 藏 词 岑 层 从 崔 操 次

双音节：

苍翠 匆匆 草丛 璀璨 粗糙 此次 措辞 猜测 曹操

层次 仓促 摧残 从此 残次 残存 催促 参差 寸草

四音节：

财大气粗 采薪之忧 惨无人道 沧海一粟 苍松翠柏

粗茶淡饭 摧眉折腰 寸草春晖 错落有致 参差不齐

草木皆兵 操之过急 仓皇出逃 层出不穷 才貌双全

[情景语句]

来到圆明园遗址，发现就连一些断壁残垣的遗迹也不多了，我们甚至无法借助想象力恢复那曾经郁郁葱葱、灿若繁星的世界级皇家园林。

寒冬时节，从北方来到南方，最大的感觉便是，居然到处还是绿草丛生，花团锦簇，一派春暖花开的灿烂景色。

s[s] 舌尖前、清、擦音

[发音要领]发音时，舌尖接近上齿背，形成间隙，软腭上升，关闭鼻腔通道，声带不振动，气流从间隙中挤出，摩擦成声(见图3-8)。

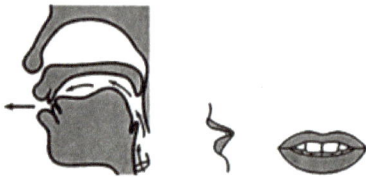

图3-8　s发音示意图

★ 视频

声母s的发音练习

[词语练习]

单音节：

四 洒 散 苏 艘 赛 桑 锁 算 笋 僧 色 损

酸 随 卅 孙 伞 送 岁 死 丧 擞 松 塑 塞

双音节：

思索 洒扫 诉讼 琐碎 僧俗 飒飒 嫂嫂 色素 缫丝

速算 三岁 三思 笋丝 酸涩 嗖嗖 松散 搜索 四散

四音节：

三足鼎立 丧权辱国 扫地出门 死灰复燃 四通八达

搜索引擎 素昧平生 所向披靡 随波逐流 散兵游勇

似曾相识 颂古非今 损兵折将 色如死灰 骚翁墨客

[情景语句]

在我看来，冬天是最不浪漫的季节，特别是南方的冬天，它看不到北方的银装素裹，冰天雪地；也看不到西部的万里荒漠，悄无人声。

我们的领导干部应该解放思想，大干实干。如果总是缩手缩脚，思前想后，怕担责任，恐怕是不能赢得群众满意的。

[绕口令练习]

老曹和老崔(c)

老曹餐前买雌鸡，老崔餐后买瓷器，买来才知是次品，老曹退雌鸡，老崔退瓷器。

三山屹四水(s)

三山屹四水，四水绕三山，三山四水春常在，四水三山四时春。

桑树和枣树(z、s)

操场前有三十三棵桑树，操场后有四十四棵枣树。三十三棵桑树下有三十三把紫伞，四十四棵枣树下有四十四头紫蒜。

小四刺字(z、c、s)

小四在刺字，四次刺"四"字，"四"字刺四次，四字都是"四"。

四、舌尖中音 d、t、n、l

d[t] 舌尖中、不送气、清、塞音

[发音要领]发音时，舌尖抵住上齿龈，软腭上升，关闭鼻腔通道，声带不振动，较弱的气流冲破舌尖和上齿龈的阻碍成声(见图 3-9)。

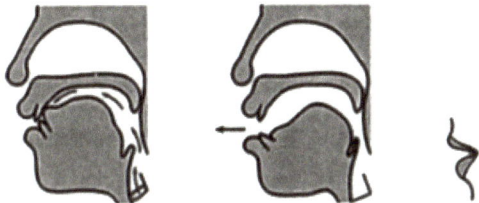

图 3-9 d发音示意图

[词语练习]

单音节：

搭 到 德 带 丹 当 得 店 滴 度 都 多 洞
蝶 定 东 吨 夺 刀 敌 胆 等 党 朵 对 端

双音节：

大豆 搭档 当地 等待 导弹 单独 弟弟 道德 斗胆
抵挡 低调 达到 电灯 跌倒 淡定 抖动 动荡 叨叨
典当 歹毒 跌宕 地段 颠倒 电镀 登顶 地点 督导

四音节：

戴罪立功 大彻大悟 弹尽粮绝 刀光剑影 德高望重
当机立断 登峰造极 滴水穿石 动人心弦 咄咄逼人
淡泊明志 德艺双馨 颠倒是非 调兵遣将 斗志昂扬

[情景语句]

多少个日日夜夜的努力，多少次通宵达旦的试验，多少次失败的挫折，神舟九号飞船终于顺利升空了，当这一刻来临时，无数国人欣喜、激动、自豪。

一只蚂蚁在洞口，发现了一粒黄豆。用力搬也搬不动，累得直回头，回洞叫来了好朋友，大家一起搬黄豆。

t[tʰ] 舌尖中、送气、清、塞音

[发音要领]发音方法与d相近，不同的是用较强的气流冲破阻碍(见图3-10)。

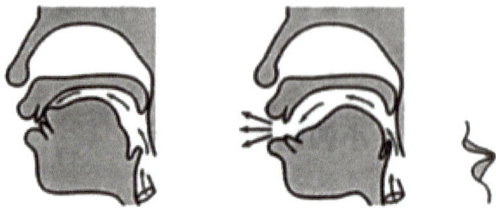

图 3-10　t发音示意图

[词语练习]

单音节：

他　特　太　贴　图　腿　头　通　妥　提　停　推　滩

涛　团　土　眺　替　天　谈　唐　疼　湍　泰　铁　拓

双音节：

塔台　逃脱　体贴　天堂　弹跳　探头　听筒　图腾　谈吐

滩涂　忐忑　淘汰　疼痛　梯田　团体　探讨　唐突　挑剔

铁蹄　坍塌　调停　天体　通透　贪图　头条　抬头　汤团

四音节：

昙花一现　泰山压顶　天崩地裂　堂堂正正　投怀送抱

天伦之乐　铁面无私　同仇敌忾　涂脂抹粉　脱胎换骨

讨价还价　提纲挈领　挺身而出　同工异曲　土崩瓦解

[情景语句]

他心里非常忐忑不安，脸红得像苹果，头也不敢抬起来。

云南腾冲那一眼望去极有层次感的梯田，真美。那种美是一种天然的美，是一种特别的美，是一种难以复制的美。

n[n] 舌尖中、浊、鼻音

[发音要领]发音时，舌尖抵住上齿龈，软腭下降，打开鼻腔通道，气流从鼻腔出来，同时振动声带(见图3-11)。

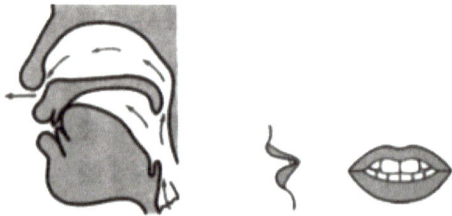

★　视频

声母n的发音练习

图 3-11　n发音示意图

[词语练习]

单音节：

拿　纳　呢　耐　男　努　内　嫩　能　女　牛　怒

捏　鸟　虐　农　您　宁　乃　呐　脑　妞　囊　暖

双音节：

难耐　男女　袅娜　扭捏　南宁　泥泞　恼怒　牛奶　能耐

内能　拿捏　农奴　呢喃　年年　奶娘　奶奶　忸怩　娘娘

喃喃　哪能　难弄　娜娜　牛腩　女尼　姐姐　内脑　捏弄

四音节：

拿腔作势　南腔北调　能言善辩　逆水行舟　牛郎织女

脑满肠肥　蹑手蹑脚　怒发冲冠　囊漏储中　浓墨重彩

内忧外患　年轻力壮　弄月吟风　扭转乾坤　袅袅婷婷

[情景语句]

人的大脑分为左脑和右脑，左脑的主要功能是进行逻辑推理和语言表达，右脑的主要功能是进行空间和形象的思维，但人是高等动物，很多事都是左右脑相互配合完成的。

"网购"已经成为人们的一种新的生活方式，男女老少都越来越认同和喜欢网购，网购甚至已经是人们生活中难以割舍的一部分，因为它能让人们足不出户，将所有商品尽收囊中。

l [l] 舌尖中、浊、边音

[发音要领]发音时，舌尖抵住上齿龈后部，软腭上升，关闭鼻腔通道，声带振动，气流从舌头两边通过(见图3-12)。

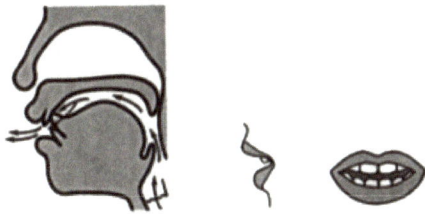

★ 视频

声母l的发音练习

图 3-12 ｜发音示意图

[词语练习]

单音节：

拉　力　鲁　来　劳　蓝　浪　峦　蕾　愣　绿　罗　另

论　龙　聊　乐　轮　梨　驴　两　刘　林　玲　列　老

双音节：

伦理　留恋　淋漓　冷落　玲珑　勒令　联络　料理　磊落

拉拢　来临　蓝领　流量　林立　领略　连累　靓丽　罗琳

劳累　拉练　凛冽　琉璃　利率　邻里　罗列　凌厉　兰兰

四音节：

来去分明　狼吞虎咽　老奸巨猾　乐不思蜀　雷厉风行

滥竽充数　愣头愣脑　理直气壮　伶牙俐齿　龙飞凤舞

朗朗上口　烂醉如泥　劳燕分飞　浪子回头　劳师动众

[情景语句]

蓝蓝的天上白云飘，绿绿的草原上马儿跑，多么诱人的美景啊！

五月，在这春天的季节，是晴天时一场雷鸣后大雨来临阴晴不定的天气，是南飞的大雁跋山涉水归家的日子，是杏花开遍山野的烂漫季节。

[绕口令练习]

炖冻豆腐(d)

会炖我的炖冻豆腐，来炖我的炖冻豆腐，不会炖我的炖冻豆腐，就别炖我的炖冻豆腐。要是混充会炖我的炖冻豆腐，炖坏了我的炖冻豆腐，那就吃不成我的炖冻豆腐。

白石塔(d、t)

白石塔，白石搭，白石搭白塔，白塔白石搭，搭好白石塔，白塔白又大。

新脑筋(n、l)

新脑筋，老脑筋，老脑筋可以改变新脑筋，新脑筋不学习就会变成老脑筋。

篮球运动员(n、l)

南边来了两队篮球运动员，男运动员穿了蓝球衣，女运动员穿了绿球衣。不怕累，不怕难，男女运动员努力练投篮。

五、舌尖后音(翘舌音)zh、ch、sh、r

zh[tʂ] 舌尖后、不送气、清、塞擦音

[发音要领]发音时，舌尖向上抵住硬腭前端成阻，软腭上升，关闭鼻腔通道，声带不振动，让较弱的气流冲破阻碍，从间隙中挤出，摩擦成声(见图 3-13)。

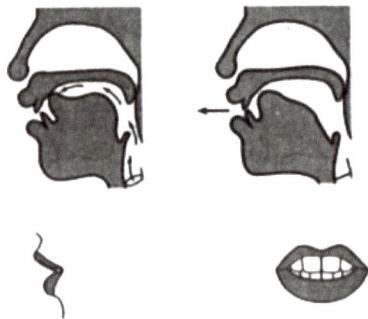

视频

声母zh的发音练习

图 3-13　zh发音示意图

[词语练习]

单音节：

闸　直　站　正　周　中　朱　卓　哲　真　峥　制　枕
抓　拽　装　摘　展　准　找　住　遮　众　沾　主　桌

双音节：

主张　折中　争执　真正　茁壮　战争　斟酌　褶皱　专著
注重　周转　着装　追逐　征兆　辗转　招展　住宅　执着
漳州　涿州　主旨　庄重　这种　政治　寨主　扎针　长者

四音节：

瞻前顾后　　朝思暮想　　振振有词　　张冠李戴　　招兵买马

争奇斗艳　　指桑骂槐　　装模作样　　真才实学　　正人君子

只字不提　　中流砥柱　　众口一词　　诸子百家　　众目睽睽

[情景语句]

不知道从什么时候开始我喜欢上了养多肉植物，似乎一瞬间就对这种萌萌的小植物产生了莫名的好感。

ch[tʂʰ] 舌尖后、送气、清、塞擦音

[发音要领]发音方法与 zh 相近，不同的是从间隙里呼出的气流较强（见图 3-14）。

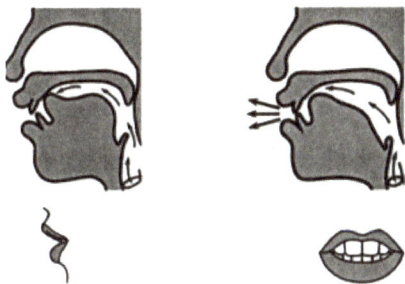

★ 视频

声母ch的发音练习

图 3-14　ch 发音示意图

[词语练习]

单音节：

差　车　产　长　端　传　闯　出　臭　吹　蠢　冲　扯

柴　超　茶　丑　戳　晨　城　储　窗　趁　川　秤　吃

双音节：

常常　　踌躇　　惩处　　惆怅　　穿插　　驰骋　　抽查　　赤诚　　叉车

充斥　　茶厂　　戳穿　　传承　　抽搐　　沉船　　城池　　拆除　　春潮

初春　　唇齿　　长城　　潺潺　　车程　　长春　　查抄　　橱窗　　瞅瞅

四音节：

绰绰有余　　长歌当哭　　沉鱼落雁　　诚惶诚恐　　痴人说梦

出神入化　　崇山峻岭　　川流不息　　唇亡齿寒　　沉默寡言

车水马龙　　乘风破浪　　赤手空拳　　传世之作　　吹毛求疵

[情景语句]

汽车的出现改变了人类的生活，汽车产业也成为美国、日本、德国等国家的支柱性产业。我国的汽车业近年来也有较快的发展，产值不断提升。

有些人常常幻想奇迹的出现，其实世间根本就没有什么"奇迹"可以产生，"天道酬勤"却是不变的准则。只有努力付出，才有成果回报。

sh[ʂ] 舌尖后、清、擦音

[发音要领]发音时，舌尖向上翘起，接近硬腭前端成阻，留出间隙，软腭上升，关闭鼻腔通道，声带不振动，气流冲破阻碍，从间隙中挤出，摩擦成声（见图 3-15）。

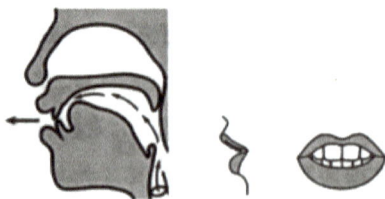

图 3-15   sh 发音示意图

[词语练习]

单音节:

杀　山　晒　商　爽　帅　顺　书　刷　说　实　手　栓

硕　衰　双　耍　神　谁　甩　生　吮　蛇　绳　师　闪

双音节:

闪烁　上身　少数　射手　史诗　神圣　事实　杀伤　商厦

设施　审视　述说　事实　摔伤　霎时　盛世　双双　税收

膳食　生疏　熟睡　尚书　神兽　手术　收视　涮涮　试试

四音节:

杀身成仁　赏心悦目　舍生取义　神出鬼没　山崩地裂

诗情画意　手忙脚乱　水泄不通　瞬息万变　善始善终

少见多怪　生不逢时　十年寒窗　疏而不漏　视死如归

[情景语句]

一日，鲁迅迟到了，老师生气地将他狠狠批评了一顿。鲁迅没有为自己做任何辩解，默默回到座位。第二天，他早早地来到学校，并在书桌的右上角用刀刻了一个"早"字。从此，鲁迅惜时如金，养成了"时时早，事事早"的好习惯。

读史使人明智，读诗使人聪慧，演算使人精密，哲理使人深刻，伦理学使人有修养，逻辑修辞使人善辩。

r[ʐ] 舌尖后、浊、擦音

[发音要领]发音方法与 sh 相近，不同的是声带振动(见图 3-16)。

图 3-16   r 发音示意图

[词语练习]

单音节:

日　热　入　肉　然　让　忍　瑞　乳　若　软　容　刃

冉　人　仍　如　饶　壤　芮　润　柔　扔　任　蕊　惹

双音节:

荣辱　如若　扰攘　仍然　软弱　柔韧　人瑞　容忍　热熔

荣任　荏苒　濡染　蓉蓉　柔软　嚷嚷　忍让　冉冉　仁人
容人　柔弱　孺人　荏弱　人肉　忍辱　惹人　穰穰　融入

四音节：

燃眉之急　热火朝天　人声鼎沸　忍辱负重　如日中天
戎马生涯　如泣如诉　入木三分　弱不禁风　锐不可当
仁人义士　认贼作父　融会贯通　茹毛饮血　若即若离

[情景语句]

光阴荏苒，逝去的将永远逝去，但我仍然常常在想，如果时光可以倒转，我将一定与日月同行守护在你的身边。

将军戎马一生，在战场总是锐不可当，到了和平年代，反而有点不适应，总是觉得生活太无聊，日子过得很慢，缺少热血沸腾的激情劲儿。

[绕口令练习]

学时事(zh、sh)

史老师，讲时事，常学时事长知识。时事学习看报纸，报纸登的是时事，心里装着天下事。

朱叔除竹笋(zh、ch、sh)

朱家一株竹，竹笋初长出。朱叔处处锄，锄出笋来煮。锄完不再出，朱叔没笋煮，竹株干又枯。

知道不知道(zh、sh)

认识从实践始，实践出真知。知道就是知道，不知道就是不知道。不要知道说不知道，也不要不知道说知道。老老实实，实事求是，一定要做到不折不扣的真知道。

日头、石头、舌头和指头(zh、sh、r)

天上有个日头，地下有块石头，嘴里有个舌头，手上有五个手指头。不管是天上的热日头，地下的硬石头，嘴里的软舌头，手上的手指头，还是热日头、硬石头、软舌头、手指头，反正都是练舌头。

石狮市没石狮(zh、ch、sh、r)

经三省过五市，狮子跑到华清池。栀子花香桂树直，贵妃沐浴石岸湿。历史风云卷书志，中华大地写新诗。池水清清映红日，枝头石榴笑红柿。石狮回头望东南，思乡泪下发毛湿。

六、舌面前音 j、q、x

j[tɕ] 舌面前、不送气、清、塞擦音

[发音要领]发音时，舌面前部抵住硬腭前部成阻，软腭上升，关闭鼻腔通道，声带不振动，然后把舌面放松一点儿，舌面前部离开硬腭前部形成间隙，气流从间隙中挤出，摩擦成声(见图3-17)。

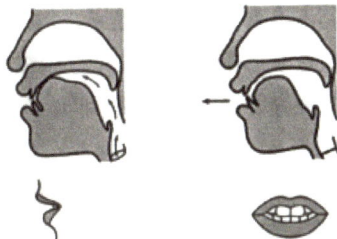

图3-17　j发音示意图

[词语练习]

单音节:

即 居 家 鹃 将 姐 坚 绝 金 经 集 剪 杰
奖 窘 俊 局 见 景 角 甲 境 剧 寄 戒 旧

双音节:

焦急 肌腱 几经 境界 寄居 机警 简洁 结晶 基金
嘉奖 倔强 将军 借鉴 涓涓 窘境 交警 纠结 简介
咀嚼 究竟 家具 仅仅 艰巨 家眷 监禁 皎洁 近郊

四音节:

鸡犬升天 疾恶如仇 家常便饭 见异思迁 矫枉过正
锦上添花 精雕细琢 坚贞不屈 居心叵测 举案齐眉
建功立业 将功补过 娇生惯养 洁身自好 酒囊饭袋

[情景语句]

竞技运动是指为最大程度地发挥个人和集体在体力、智力和运动能力等方面的潜力,创造优异运动成绩而进行的训练和竞赛。目前,全世界通行的竞技运动项目有田径、体操、球类、游泳等项目。

放假了,回到乡下,打开窗户,新鲜的空气扑鼻而来,吸一口气,舒服极了,树梢上传来叽叽喳喳的鸟叫声,远处则是绿意盎然的田园风景。

q[tɕʰ] 舌面前、送气、清、塞擦音

[发音要领]发音方法与 j 相近,不同的是通过的气流较强(见图3-18)。

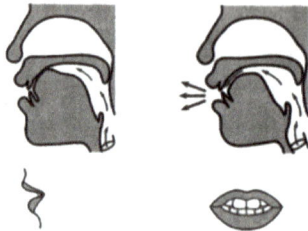

图3-18　q发音示意图

[词语练习]

单音节:

其 恰 前 清 强 球 亲 群 穷 掐 雀 全 起
秋 桥 且 去 奇 庆 切 腔 犬 窃 签 秦 欠

双音节:

崎岖 秋千 氢气 强求 亲切 欠缺 情趣 轻巧 齐全
气球 侵权 蹊跷 群起 前期 亲戚 全区 鹊桥 恰恰
轻取 秦腔 请求 牵强 窃取 确切 悄悄 曲奇 抢亲

四音节:

奇光异彩 千疮百孔 前程似锦 巧舌如簧 敲山震虎
枪林弹雨 穷途末路 秋高气爽 曲高和寡 群龙无首
巧夺天工 锲而不舍 青山绿水 全心全意 强人所难

[情景语句]

父亲亲吻了一下躺在病床上的女儿，说："我们一起努力，只要有信心，就会有奇迹，病魔一定会被有坚强意志的人打败的。"

爱情是一首甜蜜的歌，一首激情的歌，一首欢乐的歌，一首苦涩的歌……爱情需要精心地去呵护，相爱的人会在感情的曲折线中一起成长。

x[ɕ] 舌面前、清、擦音

[发音要领]发音时，舌面前部抬起，接近硬腭前部，形成间隙，软腭上升，关闭鼻腔通道，声带不振动，让气流从间隙中通过，摩擦成声(见图3-19)。

图 3-19　x 发音示意图

[词语练习]

单音节：

下　西　险　新　想　寻　兄　学　宣　修　霞　翔　肖

徐　训　细　型　虚　熊　献　信　乡　星　小　项　选

双音节：

现象　小心　休息　下旬　闲暇　纤细　唏嘘　遐想　修行

嬉戏　鲜血　写信　学校　宣泄　循序　行星　喧嚣　凶险

相信　虚心　吸血　详细　形象　肖像　喜讯　栩栩　血型

四音节：

熙熙攘攘　先睹为快　侠肝义胆　闲云野鹤　相濡以沫

销声匿迹　遐迩闻名　心慌意乱　行尸走肉　胸襟广阔

星罗棋布　雄心壮志　悬而未决　雪中送炭　循序渐进

[情景语句]

从小大人就告诉我们："虚心使人进步，骄傲使人落后。"但我还想加一句："信心使人成功，灰心使人失败。"

"必修课"与"选修课"是大学的两种课程类型，"必修课"是要学习基础知识和专业知识，"选修课"的目的是提高学习兴趣。

[绕口令练习]

比尖(j)

尖塔尖，尖杆尖，杆尖尖似塔尖尖，塔尖尖似杆尖尖。有人说杆尖比塔尖尖，有人说塔尖比杆尖尖。不知到底是杆尖比塔尖尖，还是塔尖比杆尖尖。

漆匠和锡匠(q、x)

七巷一个漆匠，西巷一个锡匠。七巷漆匠用了西巷锡匠的锡，西巷锡匠拿了七巷漆匠的漆，七巷漆匠气西巷锡匠用了漆，西巷锡匠讥七巷漆匠拿了锡。

七加一(j、q)

七加一，再减一，加完减完等于几？七加一，再减一，加完减完还是七。

稀奇(j、q、x)

稀奇稀奇真稀奇，麻雀踩死老母鸡，气球碰坏大机器，蚯蚓身长七丈七，蚂蚁身长三尺六，八十岁的老头儿躺在摇篮里。

▼ 七、舌面后音 g、k、h

g[k] 舌面后、不送气、清、塞音

[发音要领]发音时，舌面后部隆起抵住硬腭，软腭后部上升，关闭鼻腔通道，声带不振动，较弱的气流冲破阻碍成声(见图3-20)。

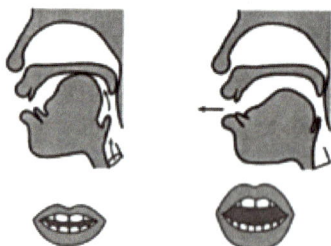

图 3-20　g 发音示意图

[词语练习]

单音节：

各　嘎　盖　高　怪　过　瓜　滚　股　跟　更　广　港
果　贵　光　购　尴　鬼　耿　纲　管　拐　甘　共　歌

双音节：

钢轨　骨骼　梗概　公共　桂冠　瓜葛　光顾　改革　古怪
高干　尴尬　够格　感官　鬼怪　公公　拐棍　国歌　蝈蝈
广告　干戈　果敢　公关　干股　赶工　格格　故宫　杠杆

四音节：

改头换面　甘心情愿　肝脑涂地　高瞻远瞩　各抒己见
耿耿于怀　根深蒂固　觥筹交错　冠冕堂皇　鬼斧神工
钩心斗角　古今中外　寡不敌众　广开言路　官逼民反

[情景语句]

晓梅的父母走得早，是哥哥一手把她拉扯大的，哥哥十几岁就开始外出打工，直到供晓梅读完大学。晓梅一生都对哥哥心存感激。

k[kʰ] 舌面后、送气、清、塞音

[发音要领]发音方法与g相近，不同的是用较强的气流冲破阻碍(见图3-21)。

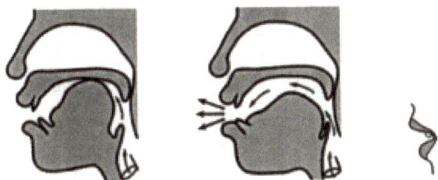

图 3-21 k发音示意图

[词语练习]

单音节:

咔 可 哭 靠 阔 看 康 款 快 匡 垮 亏 抗

狂 肯 坑 困 空 葵 考 口 宽 控 库 昆 课

双音节:

可靠 宽阔 困苦 可口 慷慨 苛刻 坎坷 空壳 开矿

扣款 科考 旷课 可控 矿坑 空旷 亏空 开垦 苦口

开课 口渴 看客 克扣 刊刻 开阔 宽旷 刻苦 空客

四音节:

开天辟地 苛捐杂税 刻不容缓 空穴来风 枯木逢春

口若悬河 哭天抹泪 侃侃而谈 匡正时弊 脍炙人口

阔步高谈 看破红尘 宽宏大量 昆山之玉 旷世奇才

[情景语句]

极度困苦悲伤的时候,人们常常会哭泣,那是"痛哭流涕";而当人们极度开心高兴的时候,人们也会哭泣,那是"喜极而泣"。

古人尊称昆仑山为"万山之祖",气魄之大可以想象。昆仑山终年积雪不化,所以也被人们称为"昆仑雪山"。

h[x] 舌面后、清、擦音

[发音要领]发音时,舌面后部隆起接近软腭,形成间隙,软腭上升,关闭鼻腔通道,声带不振动,让气流从间隙摩擦通过成声(见图3-22)。

图 3-22 h发音示意图

[词语练习]

单音节:

哈 火 还 换 黄 胡 何 好 韩 杭 混 虹 华

环 坏 回 海 话 后 很 恒 换 慌 虎 贺 悔

双音节:

黄河 互换 憨厚 辉煌 呼喊 荷花 互惠 混合 红火

后悔　恍惚　祸害　航海　淮河　洪湖　汉化　横祸　画画
坏话　婚后　火候　呵护　行会　划痕　挥毫　含恨　汇合

四音节：

海枯石烂　含沙射影　好事多磨　皓月千里　鹤立鸡群

哄堂大笑　花枝招展　恍如隔世　诲人不倦　黑白分明

恨之入骨　厚此薄彼　呼风唤雨　花前月下　缓兵之计

[情景语句]

有人说"婚姻是爱情的坟墓"，于是有人说"如果没有婚姻，连坟墓都没有"；有人认为婚后生活便是"和风细雨"，有人则认为婚后生活也要保持"激情四射"。但无论怎样，婚姻都是大多数人的港湾。

[绕口令练习]

喂蝈蝈(g)

哥哥喂蝈蝈，蝈蝈要果果，哥哥给果果，蝈蝈叫哥哥。

华华和爸爸(h)

画画的是华华，画的是爸爸，华华爱画，爸爸爱花，爸爸爱华华画的画。

小郭与小葛(g、h)

小郭画了朵红花，小葛画了朵黄花，小郭想拿他的红花换小葛的黄花，小葛用他的黄花换了小郭的红花。

哥挎瓜筐过宽沟(g、k)

哥挎瓜筐过宽沟，赶快过沟看怪狗，光看怪狗瓜筐扣，瓜滚筐空哥怪狗。

黄贺与王克(h、k)

一班有个黄贺，二班有个王克，黄贺、王克二人搞创作，黄贺搞木刻，王克写诗歌。黄贺帮助王克写诗歌，王克帮助黄贺搞木刻。由于二人搞协作，黄贺完成了木刻，王克写好了诗歌。

八、零声母

有些音节开头部分没有声母，只有一个韵母独立成为音节，如宜(yí)、五(wǔ)、育(yù)，这种情况我们称之为零声母。零声母分为4类，即开口呼零声母、齐齿呼零声母、合口呼零声母、撮口呼零声母。

(一)开口呼零声母

开口呼零声母汉语拼音字母不表示。不经过专门的语音训练，人们一般感觉不到以 a、o、e 开头的音节有微弱的辅音形式存在，因为这些音节开头的辅音成分没有辨义作用，可以从略不计。

[词语练习]

单音节：

爱　鹅　尔　鸥　昂　恩　傲　呕　矮　案　儿　袄　阿

唉　安　肮　哦　摁　二　饿　怄　盎　恶　俺　挨　凹

双音节：

恩爱　暗暗　偶尔　爱儿　皑皑　昂昂　挨饿　阿安　嗷嗷

奥运　傲岸　熬夜　安稳　熬药　额外　哀乐　昂扬　扼要

四音节：

傲视万物　恶贯满盈　恩断义绝　爱财如命　安安稳稳

呕心沥血　昂首阔步　藕断丝连　阿谀奉承　耳聪目明

按图索骥　尔虞我诈　傲慢无礼　扼腕叹息　安家立业

[情景语句]

地中海和黑海是两个陆间海。地中海位于欧亚非三洲之间，黑海位于欧亚两洲之间，两海以达达尼尔海峡、马尔马拉海、博斯普鲁斯海峡相通。

艾尔出生于西安，从小由阿姨带大，阿姨家的经济状况并不宽裕，但还是给予了艾尔很好的学习条件。艾尔学习也很努力，考取了西安交通大学，毕业后进入一家欧洲企业工作。

[绕口令练习]

安安和鹌鹑

安安和鹌鹑，从小不能分。安安天天喂鹌鹑，鹌鹑天天唱不停。鹌鹑爱安安，安安爱鹌鹑。

阿姨和安姨

阿姨和安姨，二人去旅游，阿姨说去澳洲，安姨说去欧洲，二人去了澳洲去欧洲。

(二)齐齿呼零声母

齐齿呼零声母汉语拼音用隔音字母 y 开头，由于起始部分没有辅音声母，实际发音带有轻微摩擦，是半元音[i]，半元音仍属辅音类。

[词语练习]

单音节：

译　雅　耶　尧　忧　妍　鹰　邀　丫　谊　映　囿　咽

赢　酉　咬　颖　氩　掩　邮　曜　哑　壹　彦　崖　爷

双音节：

夜游　医药　营业　意义　爷爷　隐隐　徭役　影音　摇曳

业已　牙医　养眼　异样　样衣　咽炎　阴影　谣言　阴阳

四音节：

睚眦必报　耀武扬威　衣冠楚楚　饮水思源　揠苗助长

言行不一　扬长避短　遥遥领先　一板一眼　夜不闭户

杳无音讯　言简意赅　以逸待劳　游手好闲　影影绰绰

[情景语句]

2005 年，中国电影迎来一百周年华诞。为庆祝中国电影百年诞辰，弘扬先进文化，表彰对中国电影发展卓有贡献的表演艺术家，中国电影表演艺术学会在年初开展了"中国电影百年百位优秀演员"(亦称"中国电影百年百大影星")评选活动。

游泳前需做准备活动，基本的要求是把身体各部分关节、肌肉活动开。一般可以做广播体操或跑步、摇臂、踢腿、转腰、压腿等练习。

[绕口令练习]

依依、叶叶和爷爷赶鸭

依依、叶叶和爷爷，三人相伴去赶鸭，爷爷一不小心扭了腰，依依、叶叶把鸭赶回家。

丫丫劝爷爷戒烟

爷爷让丫丫买烟，丫丫劝爷爷戒烟，爷爷戒烟难咽，丫丫买鸭解馋。

(三)合口呼零声母

合口呼零声母汉语拼音用隔音字母 w 开头，实际发音带有轻微摩擦，是半元音［w］或唇齿通音［v］。

［词语练习］

单音节：

舞 娃 丸 歪 维 湾 雯 瓮 网 威 涡 勿 亡
娲 袜 翁 婉 芜 倭 崴 外 胃 玮 皖 腕 吻

双音节：

外围 慰问 万物 无误 嗡嗡 危亡 忘我 温婉 文物
王位 威武 武王 无为 文武 娃娃 无谓 委婉 玩味

四音节：

乌烟瘴气 玩物丧志 望穿秋水 委曲求全 乌合之众
亡羊补牢 危在旦夕 温故知新 我行我素 无边无际
瓮中捉鳖 卧薪尝胆 为富不仁 望梅止渴 舞文弄墨

［情景语句］

吴国，公元前12世纪建立，位于长江下游地区，是姬姓诸侯国，也叫勾吴、工吴、攻吴、大吴、天吴、皇吴，公元前473年，越王勾践复仇吞并吴国，吴国灭亡。

在近代史上，每当民族危亡的时刻，总有无数英雄先烈们表现出大无畏的精神，救中华民族于危难之中。

［绕口令练习］

娃娃文文比跳舞

娃娃和文文，二人比跳舞，娃娃忘我跳舞无误，文文玩味文物误舞。

王伟王威两兄弟

王伟、王威两兄弟，王伟能文，王威能武，能文能武，无畏无敌。

(四)撮口呼零声母

撮口呼零声母汉语拼音用隔音字母 y(yu) 开头，实际发音带有轻微的摩擦，是半元音［y］。

［词语练习］

单音节：

羽 垣 昀 勇 约 愠 远 允 苑 淤 玥 郓 愚
痈 煜 粤 嫒 庸 颐 赟 悦 晕 冤 瑜 钰 熨

双音节：

冤狱 孕育 云雨 余韵 玉宇 源于 用语 愉悦 云涌
永远 余裕 鼋鱼 逾越 越狱 寓于 月晕 粤语 运用

四音节：

鱼目混珠 冤家路窄 越俎代庖 云蒸霞蔚 愚公移山

源远流长　郁郁葱葱　约法三章　云消雾散　缘木求鱼

语焉不详　余音绕梁　欲扬先抑　玉石俱焚　欲壑难填

[情景语句]

"翻云覆雨"源于杜甫的《贫交行》诗，"翻手作云覆手雨，纷纷轻薄何须数。"后来用"翻云覆雨"比喻反复无常或惯于玩弄手段。

余音绕梁，形容歌声或音乐优美、余音回旋不绝，也比喻诗文意味深长、耐人寻味。

[绕口令练习]

园林水池养鱼

园林有水池，水池养群鱼，由小养到大，小鱼变大鱼。

小语与小云

市体育运动委员会的小语与育才体育运动委员会的小云，相约给全校体育委员开体育动员会。

第三节　声母难点音对比训练

一、z、c、s 与 zh、ch、sh

（一）z、zh

[两字对比]

字—志　杂—闸　则—哲　在—债　昨—卓　怎—枕　综—中

赞—站　罪—坠　脏—张　曾—峥　租—猪　钻—专　走—肘

[两词对比]

资源—支援　栽花—摘花　宝藏—保障　小邹—小周　自愿—志愿

自理—治理　阻力—主力　造就—照旧　早到—找到　综合—中和

自此—至此　自爱—至爱　赞歌—战歌　赠品—正品　自负—致富

[词内对比]

自主　尊重　资质　组织　在职　佐证　遵照　总之　载重

组长　总政　作战　宗旨　诅咒　增值　自传　赞助　杂志

知罪　渣滓　沼泽　准则　装载　侄子　正在　赈灾　指责

招租　种族　制造　重罪　注资　转自　毡子　追踪　知足

（二）c、ch

[两字对比]

擦—差　次—赤　才—柴　蚕—蝉　崔—吹　村—春　错—绰

册—彻　岑—陈　曾—城　粗—出　操—超　凑—臭　仓—昌

[两词对比]

粗布—初步　从来—重来　电磁—电池　不曾—不成　新村—新春

测查—彻查　擦手—插手　此轮—齿轮　木材—木柴　姓岑—姓陈

深藏—伸长　惨淡—产蛋　祠堂—池塘　词序—持续　乱猜—乱拆

[词内对比]

操场　彩超　磁场　存车　促成　彩绸　参禅　存储　粗长

辞呈　痤疮　仓储　草场　残喘　操持　餐车　猜出　采茶

串词　初次　除草　春蚕　成才　揣测　纯粹　川菜　唇彩

差错　陈醋　出错　尺寸　炒菜　蠢材　陈词　冲刺　船舱

(三)s、sh

[两字对比]

丝—施　洒—傻　赛—晒　散—善　素—树　艘—收　岁—睡

梭—说　森—深　僧—声　桑—伤　扫—少　酸—栓　色—射

[两词对比]

死结—使节　丧生—上升　森森—深深　三色—山色　死命—使命

撒手—杀手　搜集—收集　四季—世纪　私人—诗人　散光—闪光

赛出—晒出　森林—身临　私事—失事　风速—枫树　私房—尸房

[词内对比]

赛事　四时　桑葚　算数　私塾　随手　嵩山　死水　琐事

宿舍　搜身　损失　散射　速胜　素食　岁数　丧失　缩水

申诉　山色　烧死　输送　哨所　深邃　上司　摔碎　受损

食宿　生死　寿司　世俗　失色　深思　叔嫂　声速　石锁

二、n与l

[两字对比]

那—辣　男—蓝　囊—狼　耐—赖　努—鲁　您—林　尼—黎

诺—骆　闹—烙　能—楞　鸟—了　内—累　暖—卵　农—龙

[两词对比]

女客—旅客　难住—拦住　闹灾—涝灾　大娘—大梁　泥巴—篱笆

牛年—榴莲　怒放—录放　年夜—连夜　泥浆—漓江　浓重—隆重

男女—褴褛　南宁—兰陵　无奈—无赖　学年—学联　青年—清廉

[词内对比]

纳凉　能量　奶酪　嫩绿　女郎　内陆　耐劳　年轮　凝练

努力　哪里　脑瘤　农历　鸟笼　逆流　暖炉　难料　年龄

辽宁　岭南　冷暖　烂泥　来年　烈女　列宁　凌虐　理念

老娘　雷诺　落难　龙脑　老衲　蓝鸟　两难　留念　鲁能

三、f与h

[两字对比]

发—花　帆—欢　房—黄　福—湖　奋—混　凡—环　非—灰

芳—慌　分—昏　夫—呼　饭—换　放—晃　付—户　访—幌

[两词对比]

开发—开花	俯视—虎视	犯病—患病	西服—西湖	肥鸡—回击
防空—航空	犯戒—换届	废话—会话	会飞—会徽	风箱—烘箱
防线—黄线	分头—昏头	发迹—花季	福利—狐狸	干饭—干旱

[词内对比]

发挥	繁华	防护	分化	负荷	法海	风化	愤恨	返回
凤凰	焚毁	分红	封号	飞蝗	富豪	复函	反悔	附和
伙房	会费	回访	黄蜂	花费	焕发	海风	合法	豪放
盒饭	恢复	横幅	护肤	汉服	化肥	活佛	合肥	耗费

四、zh、ch、sh 与 j、q、x

(一)zh、j

[两字对比]

织—机	扎—家	沾—间	张—将	哲—杰	真—金	峥—经
专—捐	谆—均	赚—倦	咒—就	朱—居	招—交	肿—窘

[两词对比]

标志—标记	朝气—娇气	瞻顾—兼顾	杂志—杂技	致谢—机械
珍贵—金贵	张弛—僵持	支柱—机杼	招集—交集	直线—极限
战术—剑术	长成—奖惩	职务—急务	战报—见报	值日—吉日

[词内对比]

战舰	章节	转嫁	折旧	铸就	致敬	真迹	撞击	逐渐
专家	准将	折旧	针灸	证据	捉奸	直接	装进	拯救
价值	急诊	加重	兼职	狡诈	菌种	戒指	焦灼	监制
机制	酱汁	九州	教主	决战	居中	结账	紧张	静止

(二)ch、q

[两字对比]

吃—期	插—掐	蝉—前	长—强	车—切	纯—群	楚—取
穿—圈	陈—琴	程—情	船—全	出—区	产—浅	常—强

[两词对比]

传世—诠释	池子—旗子	船身—全身	痴人—奇人	诨言—前言
尺码—起码	尝试—强势	成家—亲家	撤除—切除	禅院—前院
迟滞—旗帜	长工—强攻	潮头—桥头	抄手—巧手	沉浸—秦晋

[词内对比]

插曲	初期	唱腔	垂青	重庆	春秋	拆迁	喘气	车前
厂区	成全	传奇	春秋	拆迁	城墙	抽签	超强	澄清
起程	翘楚	切齿	清澈	沏茶	汽车	青春	牵扯	浅唱
切除	倾城	清纯	球场	启程	千愁	启齿	秦朝	虔诚

（三）sh、x

[两字对比]

时—习　顺—训　稍—消　收—休　扇—线　深—辛　胜—性
栓—宣　上—向　刷—虾　瘦—秀　说—虚　竖—旭　史—洗

[两词对比]

诗人—昔人　湿气—吸气　失望—希望　商业—香液　沙眼—瞎眼
上来—向来　收身—修身　烧化—消化　盛名—姓名　深仇—薪酬

[词内对比]

实现　顺心　升学　山西　瘦削　属性　时兴　摄像
首先　生肖　熟悉　顺序　手续　设想　师兄　双休
驯兽　显示　学术　兴盛　先生　消失　欣赏　瞎说
翔实　享受　西施　血栓　下山　小说　喜事　相识

五、z、c、s与j、q、x

（一）z、j

[两字对比]

紫—几　咂—加　杂—颊　赞—渐　赃—将　遭—交　泽—节
造—轿　增—精　资—机　葬—酱　早—缴　赠—静　凿—嚼

[两词对比]

滋长—机长　遭到—交道　脏水—江水　投资—投机　脾脏—皮匠
光泽—光洁　走水—酒水　资历—激励　脏土—疆土　自取—记取
簪子—尖子　责成—结成　造诣—教义　择业—结业　赞助—建筑

[词内对比]

自己　最近　租金　杂技　尊敬　总结　踪迹　增加
宗教　造就　字迹　增加　咱家　总监　嘴角　资金
记载　节奏　集资　积攒　佳作　尽责　君子　及早
句子　家族　尽早　夹杂　杰作　建造　抉择　浸渍

（二）c、q

[两字对比]

擦—掐　灿—歉　舱—枪　草—巧　册—窃　层—情　参—签
粗—屈　瓷—奇　丛—琼　窜—劝　蹭—庆　存—裙　操—敲

[两词对比]

磁头—齐头　词牌—棋牌　次贷—气袋　苍生—枪声　粗腿—屈腿
残年—前年　观测—关切　村落—群落　小草—小巧　残酷—钱库
惨白—浅白　擦洗—迁徙　藏身—强身　侧翼—惬意　层面—情面

[词内对比]

辞去　残缺　凑巧　瓷器　篡权　粗浅　从前　萃取

存钱　凑齐　此前　餐券　草裙　草签　财权　刺青
憔悴　其次　切磋　钱财　凄惨　起草　芹菜　情操
器材　清脆　群策　潜藏　青葱　请辞　七寸　千层

(三)s、x

〔两字对比〕

三—仙　伞—显　桑—湘　扫—小　色—谢　僧—星　四—细
松—凶　叟—朽　素—秀　算—炫　孙—熏　骚—萧　丝—西

〔两词对比〕

四座—细作　私下—西夏　丧生—相声　桑蚕—相残　散播—限播
一艘—一休　扫地—小弟　三弦—先贤　丝瓜—西瓜　嗓音—响音
散佚—现役　森然—欣然　死讯—喜讯　松口—胸口　速写—续写

〔词内对比〕

松懈　私心　三峡　思想　送行　索性　所需　搜寻
缩小　伞形　死刑　散心　私下　随心　速写　送信
逊色　硝酸　虚岁　寻思　心死　血色　像素　潇洒
线索　消散　迅速　相思　羞涩　辛酸　习俗　心碎

知识巩固

声母就是汉语音节开头的辅音部分，普通话共有 21 个辅音声母。

声母发音的过程也就是气流受到阻碍和克服阻碍的过程。

声母的分类是根据发音部位、发音方法、声带振动与否、送气与否来划分的。

声母根据发音部位分类为：双唇音 b、p、m，唇齿音 f，舌尖前音 z、c、s，舌尖中音 d、t、n、l，舌尖后音 zh、ch、sh、r，舌面前音 j、q、x，舌面后音 g、k、h，零声母。

声母难点音对比训练包括以下内容：z、c、s 与 zh、ch、sh，n 与 l，f 与 h，zh、ch、sh 与 j、q、x，z、c、s 与 j、q、x。

复习与思考

1. 什么是声母？

2. 声母发音有什么特点？

3. 声母可以分为哪几类？分别是什么？

4. 声母发音要领与训练包括哪些内容？

5. 声母难点音对比训练包括哪些内容？

6. j、q、x 发音时出现"尖音"的原因是什么？

7. z、c、s 和 zhi、chi、shi 发音时的舌位区别是什么？

思政园地 ★

同讲普通话，共建新农村

——"海燕推普小队"赴山东滨州助力普通话推广

2021年9月，青岛科技大学"海燕推普小队"开展暑期"三下乡"社会实践活动（以下简称"活动"），活动在山东省滨州市阳信县翟王镇展开。

活动伊始，"海燕推普小队"通过发放问卷了解了翟王镇董家村村民对普通话的认知和使用情况。调查结果显示，村中50岁以上的村民对推广普通话的认识不强，但50岁以下的村民中有半数以上认为普及普通话对工作、生活有较大意义。

董家村的村支书介绍，村庄整体并不富裕，年轻人大多外出务工，只留下一些老人和孩子。大部分村民对普通话了解较少，使用频率较低，甚至不会说普通话。

对此，"海燕推普小队"集思广益，设定推广普通话的方案，针对企业职工儿童、少数民族群体优先开展推广普通话工作，让村民认识到普通话的重要性，提高学习普通话的意识。接着，在教师的带领下，"海燕推普小队"走访了当地特色企业，将普通话培训与生产生活技能提升相结合，面向企业员工、经销店主等当地居民推广普通话，营造良好的语言环境。

"海燕推普小队"还通过《写给青少年的党史》这本书，给翟王镇韩打箔小学的孩子们开展了一场红色讲座。活动结束后，大家一起用普通话演唱了《歌唱祖国》《五星红旗迎风飘扬》等歌曲，在推广普通话的同时也在孩子们的心中播下了爱国的种子。

此次活动中，"海燕推普小队"成员不仅做到了在实践中"受教育、长才干、做贡献"，并且用自己的声音传播了爱与希望，使翟王镇语言文字向着规范化发展。

（资料来源：搜狐网，2021年9月12日，有改动）

讨论：

四海同音，万众一心，普及普通话，四海是一家。乡村特色产业发展、优秀乡村文化的传承传播都离不开国家通用语言文字这一载体，"海燕推普小队"结合翟王镇实际情况推广普通话，营造了良好的语言环境，为服务铸牢中华民族共同体意识、助力乡村振兴战略实施贡献了自己的青春力量，另外用红色教育向孩子们推广普通话，点亮了他们的信仰之灯，播下了祖国未来的希望的种子。以上简单的实践活动却有着非凡的影响，你参加过类似的推普活动吗？你有什么感想？

第四章
韵母训练

本章导读

韵母是汉字音节中声母后面的部分。韵母主要由元音构成,有些韵母由元音和鼻辅音构成,构成韵母的鼻辅音只有 n、ng 2 个,并且只作为韵尾出现。韵母可以分成 3 个部分,即韵头、韵腹和韵尾,也分别叫作介音(头音)、主要元音和尾音。韵母根据其结构可分为单元音韵母、复元音韵母及鼻韵母;根据其开头元音的发音口形,可分为开口呼、齐齿呼、合口呼和撮口呼,简称"四呼"。韵母的练习主要从把握唇形、舌位、舌位动程及口腔开口度等切入。注意对"四呼"的掌握。

学习目标

1. 掌握韵母的含义和分类。
2. 掌握韵母的发音要领并进行训练。
3. 进行韵母难点音对比训练。

第一节 韵母概述

一、韵母的含义

韵母是汉字音节中声母后面的部分。韵母主要由元音构成，有些韵母由元音和鼻辅音构成，能够构成韵母的鼻辅音只有 n、ng 2 个，并且只作为韵尾出现。

韵母可以分成 3 个部分，即韵头、韵腹和韵尾。构成韵母的元音中开口度最大、发音最响亮的那个元音叫作韵腹，韵腹前面的元音是韵头，韵腹后面的元音或辅音是韵尾。1 个韵母可以没有韵头或韵尾，但是不能没有韵腹。普通话共有 39 个韵母（见表 4-1）。

表 4-1 普通话韵母表

a	啊	o	喔	e	鹅	ê	欸		
i	衣	u	乌	ü	迂				
-i(前)	资	-i(后)	之	er	儿				
ai	哀	ei	欸	ao	熬	ou	欧		
ia	呀	ie	耶	ua	蛙	uo	窝	üe	约
iao	腰	iou	忧	uai	歪	uei	威		
an	安	en	恩	in	因	ün	晕		
ian	烟	uan	弯	üan	冤	uen	温		
ang	昂	eng	蒙	ing	英	ong	轰		
iang	央	uang	汪	ueng	翁	iong	雍		

二、韵母的分类

(一)根据韵母的结构

1. 单元音韵母

单元音韵母就是由 1 个元音音素构成的韵母，共 10 个，分别是 a、o、e、ê、i、u、ü、-i(前)、-i(后)、er。

2. 复元音韵母

复元音韵母就是由 2 个或 3 个元音组成的韵母，共 13 个，分别是 ai、ei、ao、ou、ia、ie、ua、uo、üe、iao、iou、uai、uei。

3. 鼻韵母

鼻韵母就是元音音素后面附带 1 个鼻辅音作为韵尾的韵母，共 16 个，分别是 an、en、in、ün、ian、uan、üan、uen、ang、eng、ing、ong、iang、uang、ueng、iong。

普通话韵母结构举例（见表 4-2）。

表 4-2 普通话韵母结构举例

例字	韵母			韵母类型
	韵头	韵腹	韵尾	
鹅 é		e		单元音韵母
爱 ài		a	i	复元音韵母
越 yuè	ü	ê		
优 yōu	i	o	u	
腰 yāo	i	a	o	
音 yīn		i	n	鼻韵母
汪 wāng	u	a	ng	

(二)根据韵母开头元音的发音口形

1. 开口呼

开口呼是指韵母开头不是 i、u、ü 的韵母,有 15 个,包括 a、o、e、ai、ei、ao、ou、an、en、ang、eng、ê、-i(前)、-i(后)、er。

2. 齐齿呼

齐齿呼是指韵母开头是 i 的韵母,有 9 个,包括 i、ia、ie、iao、iou、ian、in、iang、ing。

3. 合口呼

合口呼是指韵母开头是 u 的韵母,有 10 个,包括 u、ua、uo、uai、uei、uan、uen、uang、ueng、ong(为了使字形清晰,将 ung 改为 ong)。

4. 撮口呼

撮口呼是指韵母开头是 ü 的韵母,有 5 个,包括 ü、üe、üan、ün、iong(为了使字形清晰,将 üng 改为 iong)。

第二节 韵母发音要领与训练

一、单元音韵母

如上节所述,单元音韵母包括 a、o、e、ê、i、u、ü、-i(前)、-i(后)、er 共 10 个。其中舌面单元音韵母有 7 个,分别是 a、o、e、ê、i、u、ü;还有 3 个特殊单元音韵母,即舌尖单元音韵母-i(前)、-i(后)和卷舌单元音韵母 er。我们可以通过舌面元音舌位唇形图来描述舌面单元音韵母的发音特点,可以采取类比联想的办法对 3 个特殊单元音韵母的发音特点进行描述。

(一)舌面单元音韵母

a[A]舌面、央、低、不圆唇元音

[发音要领]口腔自然打开,舌体自然放平,舌尖接触下齿龈,舌面中部偏后微微隆起,双唇展开。发音时,声带振动,软腭上升,关闭鼻腔通路(见图 4-1)。

图 4-1　a 发音示意图

[词语练习]

单音节：

巴　趴　妈　发　答　她　拿　辣　嘎　咖　铪　炸　啥

茶　莎　杂　擦　洒　阿　傻　爬　阀　哈　马　眨　砸

双音节：

打靶　发麻　大度　邋遢　发达　麻辣　喇叭　哪怕　眨巴

奓拉　妈妈　沙发　刹那　哈达　砝码　爸爸　打蜡　咔嚓

打岔　差啥　渣打　腊八　杀伐　拉萨　他杀　啪嗒　打发

四音节：

八面春风　跋山涉水　插翅难逃　大发雷霆　拿手好戏

发人深省　拉帮结伙　马到成功　煞费苦心　他山之石

飒爽英姿　鸦雀无声　杂乱无章　扎扎实实　差强人意

[情景语句]

《巴巴爸爸》是法国的一部系列连环画，1970 年首次发表。德国将它改编成动画片后，中国也曾经引进并播放。它是 20 世纪 80 年代最著名的动画片之一。动画片片头饶舌的介绍令当时的孩子争相模仿："这就是巴巴爸爸、巴巴妈妈、巴巴祖、巴巴拉拉、巴巴利波、巴巴波、巴巴贝尔、巴巴布莱特、巴巴布拉伯。记住了吗?"

《邋遢大王奇遇记》是由上海美术电影制片厂于 1987 年摄制的一部彩色动画片。讲述一个小男孩外号叫邋遢大王，他不讲卫生，乱扔废物，乱吃脏东西。尤其是那首耳熟能详、朗朗上口的"小邋遢，真呀真邋遢"不知曾经被多少小朋友传唱。

[绕口令练习]

胖娃捉蛤蟆

一个胖娃娃，捉了三个大花活蛤蟆；三个胖娃娃，捉了一个大花活蛤蟆。捉了一个大花活蛤蟆的三个胖娃娃，真不如捉了三个大花活蛤蟆的一个胖娃娃。

喇嘛和哑巴

打南边来了个喇嘛，手里提拉着五斤鳎目。打北边来了个哑巴，腰里别着个喇叭。南边提拉着鳎目的喇嘛要拿鳎目换北边别喇叭哑巴的喇叭。哑巴不愿意拿喇叭换喇嘛的鳎目，喇嘛非要换别喇叭哑巴的喇叭。喇嘛抢起鳎目抽了别喇叭哑巴一鳎目，哑巴摘下喇叭打了提拉着鳎目的喇嘛一喇叭。也不知是提拉着鳎目的喇嘛抽了别喇叭哑巴一鳎目，还是别喇叭哑巴打了提拉着鳎目的喇嘛一喇叭。喇嘛炖鳎目，哑巴嘀嘀嗒嗒吹喇叭。

[诗词练习]

泊秦淮

〔唐〕杜牧

烟笼寒水月笼沙，夜泊秦淮近酒家。

商女不知亡国恨，隔江犹唱后庭花。

过故人庄

〔唐〕孟浩然

故人具鸡黍，邀我至田家。

绿树村边合，青山郭外斜(xiá)。

开轩面场圃，把酒话桑麻。

待到重阳日，还来就菊花。

o[o] 舌面、后、半高、圆唇元音

[发音要领]口腔半闭，双唇自然拢圆，舌体后缩，舌面后部略隆起与软腭相对，舌面两边微卷，舌面中部稍凹，舌位后、半高。发音时，声带振动，软腭上升，关闭鼻腔通路(见图4-2)。

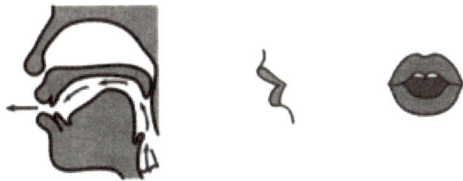

图 4-2　o发音示意图

[词语练习]

单音节：

播　婆　墨　佛　擘　博　破　莫　剥　伯　粕　磨　钵

簸　坡　抹　叵　泼　跛　魄　摸　脖　默　拨　膜　迫

双音节：

伯伯　饽饽　婆婆　默默　泼墨　嬷嬷　窝窝　薄膜　卧佛　磨破

四音节：

拨乱反正　波澜壮阔　博闻强识　佛口蛇心　勃然大怒

云谲波诡　莫测高深　破罐破摔　迫在眉睫　摩拳擦掌

默默无闻　破茧成蝶　磨砖成镜　脉脉含情　薄利多销

[情景语句]

在电视剧《还珠格格》中，容嬷嬷嚣张跋扈、心狠手辣，也颇有手段。自《还珠格格》在全国热播后，"容嬷嬷"也代指那些心肠歹毒、心狠手辣，对对手毫无半点怜惜之情的坏人。

[绕口令练习]

大婆子和小婆子

大婆子是一个驼子，小婆子是一个跛子，大婆子嘲笑小婆子是一个跛子，小婆子嘲笑大婆子是驼子。

婆婆和嬷嬷

婆婆和嬷嬷，来到山坡坡，婆婆默默采蘑菇，嬷嬷默默拔萝卜。婆婆拿了一个破簸箕，嬷嬷带了一个薄笸箩，婆婆采了半簸箕小蘑菇，嬷嬷拔了一笸箩大萝卜。婆婆采了蘑菇换饽饽，嬷嬷卖了萝卜买馍馍。

[诗词练习]

回乡偶书(其二)

〔唐〕贺知章

离别家乡岁月多，近来人事半消磨。

惟有门前镜湖水，春风不改旧时波。

野田黄雀行

〔三国〕曹植

高树多悲风，海水扬其波。

利剑不在掌，结友何须多？

不见篱间雀，见鹞自投罗。

罗家得雀喜，少年见雀悲。

拔剑捎罗网，黄雀得飞飞。

飞飞摩苍天，来下谢少年。

e[ɤ]舌面、后、半高、不圆唇元音

[发音要领]口腔半闭，展唇，舌头后缩，舌面后部隆起与软腭相对，舌面两边微卷，舌面中部稍凹，舌位后、半高。发音时，声带振动，软腭上升，关闭鼻腔通路(见图4-3)。

图4-3 e发音示意图

[词语练习]

单音节：

么 德 特 讷 乐 歌 科 合 哲 车 设 惹 个
则 测 涩 饿 禾 戈 辙 扯 畬 仄 瑟 喷 舍

双音节：

隔阂 合辙 赫哲 合格 社科 客车 特色 可乐 哥哥
折射 这个 舍得 苛刻 割舍 折合 隔热 色泽 特赦
格格 各色 车辙 乐和 苛责 可可 瑟瑟 咋舌 喷喷

四音节：

车水马龙 得意忘形 歌舞升平 鹤发童颜 遮人耳目
阿谀奉承 乐极生悲 惹是生非 舍生忘死 扼腕叹息
河东狮吼 特立独行 刻骨铭心 各尽所能 责无旁贷

[情景语句]

《中国合伙人》是2013年由陈可辛执导的一部影片。这部影片主要讲述了由20世纪80年代至今，30多年大变革背景下，三个小人物为改变自身命运，最终实现"中国式梦想"的故事。影片中有成功的欢乐，也有失败的苦涩，更有绝地反击的不折不挠，引起"70后"强烈的情感共鸣。

在战争年代，我们有黄继光、邱少云等众多可歌可泣的英雄；在和平年代，同样有很多值得我们永远歌颂和铭记的感动中国的英雄人物，比如把一生奉献给核事业的科学家林俊德。

[绕口令练习]

鹅和河

坡上立着一只鹅，坡下就是一条河。宽宽的河，肥肥的鹅，鹅要过河，河要渡鹅，不知是鹅过河，还是河渡鹅。

白鸽和白鹅

伯伯养了一群大白鹅，哥哥喂了三只小白鸽，伯伯教哥哥训鸽，哥哥帮伯伯放鹅。白鹅白鸽长得好，乐坏了伯伯和哥哥。

[诗词练习]

送魏万之京

〔唐〕李颀

朝闻游子唱离歌，昨夜微霜初渡河。

鸿雁不堪愁里听，云山况是客中过。

关城树色催寒近，御苑砧声向晚多。

莫是长安行乐处，空令岁月易蹉跎。

钗头凤·红酥手

〔南宋〕陆游

红酥手，黄縢酒，满城春色宫墙柳。东风恶，欢情薄。一怀愁绪，几年离索。错，错，错！

春如旧，人空瘦，泪痕红浥鲛绡透。桃花落，闲池阁。山盟虽在，锦书难托。莫，莫，莫！

ê[ɛ]舌面、前、半低、不圆唇元音

[发音要领]口腔半开，展唇，舌尖微触下齿背，舌面前部隆起和硬腭相对。发音时，声带振动，软腭上升，关闭鼻腔通路（见图4-4）。

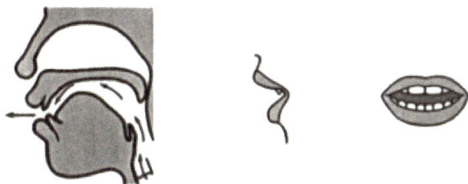

图4-4　ê发音示意图

在普通话中，ê除了用于语气词"欸"外，一般不单用。ê不与任何辅音声母相拼，只出现在复韵母ie、üe中，并在书写时省去上面的附加符号。

i[i]舌面、前、高、不圆唇元音

[发音要领]口腔微开，双唇扁平，嘴角向两边展，上下齿相对，舌尖接触下齿背，舌面前部隆起和硬腭前部相对。发音时，声带振动，软腭上升，关闭鼻腔通路（见图4-5）。

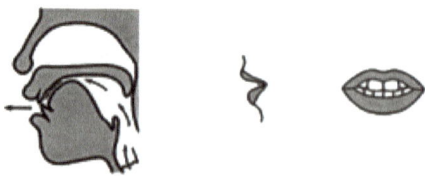

图 4-5 i 发音示意图

[词语练习]

单音节:

比 皮 觅 滴 题 腻 例 及 骑 洗 疑 币 礼

惜 蒂 弥 剔 栗 妮 痞 毅 基 戚 拟 俪 蜜

双音节:

笔记 积极 地契 记忆 霹雳 洗涤 鄙弃 细腻 米奇

习题 厘米 汽笛 集体 奇迹 提议 遗弃 皮衣 披靡

离奇 气息 立体 离席 密闭 比拟 地理 机器 毅力

四音节:

比翼双飞 闭关锁国 披坚执锐 思前想后 啼笑皆非

杞人忧天 提心吊胆 喜出望外 抑扬顿挫 逆水行舟

弥天大罪 历历在目 洗心革面 低声下气 机关算尽

[情景语句]

十一长假期间,奋战在横店的剧组不少,最引人关注的莫过于《神雕侠侣》剧组了。"小龙女"陈妍希一再信誓旦旦地表示自己的体重已减了10斤,拍摄间隙记者也发现,她确实瘦身不少。记者希望她能用演技改变负面评价。

在每个人的心中都会有一份属于自己的记忆,而我记忆最深刻的是我的小学时代,因为那时无忧无虑,那时结识了我一生最好的几个朋友……

[绕口令练习]

老黎和老李

老黎拉了一车梨,老李拉了一车栗。老黎人称大力黎,老李人称李大力。老黎拉梨做梨酒,老李拉栗去换梨。

莉莉拿个梨去找小弟弟

莉莉拿个梨,去找小弟弟。弟弟看见梨,扔掉手中泥。莉莉教弟弟,洗掉手中泥。弟弟拿起梨,谢谢小莉莉。

[诗词练习]

饮湖上初晴后雨(其二)

〔北宋〕苏轼

水光潋滟晴方好,山色空蒙雨亦奇。

欲把西湖比西子,淡妆浓抹总相宜。

渔家傲·秋思

〔北宋〕范仲淹

塞下秋来风景异，衡阳雁去无留意。四面边声连角起。千嶂里，长烟落日孤城闭。

浊酒一杯家万里，燕然未勒归无计。羌管悠悠霜满地。人不寐，将军白发征夫泪。

u[u]舌面、后、高、圆唇元音

[发音要领]口腔微开，双唇收拢成圆唇，稍向前突，舌头后缩，舌面后部高度隆起和软腭相对。发音时，声带振动，软腭上升，关闭鼻腔通路(见图4-6)。

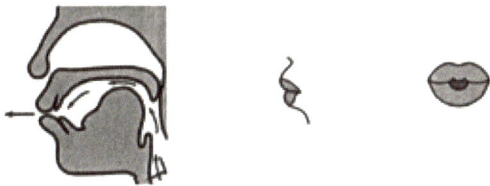

图4-6　u发音示意图

[词语练习]

单音节：

补　铺　出　福　堵　兔　努　录　鼓　酷　糊　煮　朱
储　竖　如　祖　促　速　舞　鲁　奴　竹　乳　鼠　木

双音节：

补助　督促　辜负　瀑布　露珠　疏忽　侮辱　枯树　复苏
儒术　图谱　祝福　图书　初步　出租　数目　鼓舞　呼噜
素服　出乎　入目　武夫　堵住　匍匐　逐步　互助　突兀

四音节：

初露锋芒　独断专行　俯首帖耳　顾影自怜　足不出户
胡搅蛮缠　苦口婆心　暮鼓晨钟　如雷贯耳　物竞天择
鹿死谁手　怒火冲天　铺张浪费　素不相识　除暴安良

[情景语句]

汶川大地震后，温家宝同志在第一时间赶到灾难现场。这位花甲老人不顾重重余震，马不停蹄地奔走在川蜀大地那些满目疮痍的地震重灾区，鼓励灾区的人们互救与自救，去战胜灾难。同时，我们的人民子弟兵也在上演真实版的《士兵突击》，"不抛弃，不放弃"的信念深入骨髓，只要有一丝希望就要挽救生命。

长白山谷底森林，俗称地下森林，位于长白山冰场东5公里，洞天瀑布北侧。谷壁高50～60米，谷底南北长2500～3000米，多针叶林。谷底古松参天，苍翠诱人，巨石错落，千姿百态，人称谷底人家。

[绕口令练习]

胡苏夫和吴夫苏

胡庄有个胡苏夫，吴庄有个吴夫苏。胡庄的胡苏夫爱读诗书，吴庄的吴夫苏爱读古书。胡苏夫的书屋摆满了诗书，吴夫苏的书屋放满了古书。

虎鹿猪兔鼠

山上一只虎，林中一只鹿，路边一只猪，草里一只兔，还有一只鼠。数一数，一、二、三、四、五，虎、鹿、猪、兔、鼠。

［诗词练习］

己亥岁(其一)

〔唐〕曹松

泽国江山入战图，生民何计乐樵苏。

凭君莫话封侯事，一将功成万骨枯。

元日

〔北宋〕王安石

爆竹声中一岁除，春风送暖入屠苏。

千门万户曈曈日，总把新桃换旧符。

ü[y]舌面、前、高、圆唇元音

［发音要领］口腔微开，双唇撮成扁圆，略微向前突，舌尖抵下齿背，舌面前部隆起与硬腭前部相对。发音时，声带振动，软腭上升，关闭鼻腔通路(见图4-7)。

图4-7　ü发音示意图

［词语练习］

单音节：

女　绿　居　趣　需　瑜　旅　钰　瞿　胥　缕　旭　于
菊　宇　举　律　欲　与　语　飓　去　曲　拘　许　拒

双音节：

聚居　玉宇　序曲　区域　须臾　女婿　曲率　栩栩　寓居
屈居　絮语　渔具　旅居　徐徐　语序　蛐蛐　豫剧　语句
玉女　吕剧　区区　曲剧　屡屡　雨区　寓于　渔区　迂曲

四音节：

鞠躬尽瘁　举步维艰　履险如夷　趋之若鹜　屡战屡败
取而代之　虚张声势　鱼死网破　与时俱进　栩栩如生
女中豪杰　驴年马月　愚公移山　绿草如茵　语重心长

［情景语句］

海驴岛风景优美，远离陆地，成为海鸟的天堂。当地人称海鸥为"海猫子"，海驴岛上就聚集了很多"海猫子"。这些海鸥成群结队地待在礁石上，悠闲自在地在那里"咕咕"地叫着，像爱聊天的女孩子，远远望去整个岩石变成了白色，与蓝天碧海相映成趣。

向往美好生活而偷渡至欧美的非法移民，常常还没有到达目的地就遇难了，而幸运的登陆者也过着居无定所、东躲西藏的灰暗生活。很多人最终发现，他们所谓的"美好生活"是那么虚无缥缈，现实与梦想相距甚远。

［绕口令练习］

老徐俩女婿

老徐俩女婿，于女婿喜欢看吕剧，吕女婿喜欢看豫剧，三人一起去看剧，看完吕剧看豫剧。

养鱼

大渠养大鱼不养小鱼，小渠养小鱼不养大鱼。一天天下雨，下了一天雨。大渠水流进小渠，小渠水流进大渠。大渠里有了小鱼不见大鱼，小渠里有了大鱼不见小鱼。

［诗词练习］

之宣城郡出新林浦向板桥

〔南北朝〕谢朓

江路西南永，归流东北骛。

天际识归舟，云中辨江树。

旅思倦摇摇，孤游昔已屡。

既欢怀禄情，复协沧州趣。

嚣尘自兹隔，赏心于此遇。

虽无玄豹姿，终隐南山雾。

永遇乐·落日熔金

〔宋〕李清照

落日熔金，暮云合璧，人在何处？染柳烟浓，吹梅笛怨，春意知几许！元宵佳节，融和天气，次第岂无风雨？来相召、香车宝马，谢他酒朋诗侣。

中州盛日，闺门多暇，记得偏重三五。铺翠冠儿，捻金雪柳，簇带争济楚。如今憔悴，风鬟霜鬓，怕见夜间出去。不如向、帘儿底下，听人笑语。

(二)舌尖单元音韵母

-i(前)[ɿ]舌尖、前、高、不圆唇元音

［发音要领］口腔微开，嘴角向两边展开，舌尖和上齿背相对，保持适当距离。发音时，声带振动，软腭上升，关闭鼻腔通路。此韵母只出现在z、c、s声母的后面(见图4-8)。

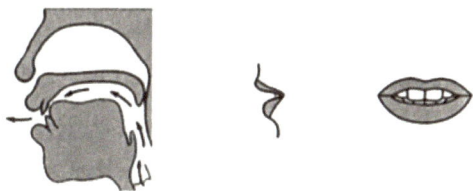

图 4-8　-i(前)发音示意图

［词语练习］

单音节：

字　词　斯　肆　紫　次　此　资　死　刺　疵　梓

四　锱　雌　丝　子　瓷　寺　赐　姊　撕　慈　眦

双音节：

私自　字词　此次　四次　孜孜　次子

赐死　刺字　四字　恣肆　自此　子嗣

四音节：

此起彼伏　司空见惯　死不瞑目　四面楚歌　词不达意

肆无忌惮　孜孜不倦　自强不息　字正腔圆　丝丝入扣

似曾相识　死有余辜　刺股悬梁　赐墙及肩　似是而非

[情景语句]

甘孜藏族自治州地处青藏高原和四川盆地的过渡地带，境内寺庙林立，风景壮美。有参差入云的雪山，有五光十色的湖泊，有郁郁葱葱的草地，也有终年积雪的冰川，来到此地，一切原生态美景尽收眼底。

自私的人往往只顾自己的利益，不顾他人、集体、国家和社会的利益。但是，如果没有国家、集体，个人又何在呢？因此，自私的人最终失去得更多。

[绕口令练习]

次子与四子

老四生四子，次子自私，四子恣肆，生此子嗣，愁死老四。

四十四个字和词

四十四个字和词，组成一首子词丝的绕口词。桃子、李子、梨子、栗子、桔子、柿子、槟子、榛子，栽满院子、村子和寨子。刀子、斧子、锯子、凿子、锤子、刨子、尺子，做出桌子、椅子和箱子。名词、动词、数词、量词、代词、副词、助词、连词，造成语词、诗词和唱词。蚕丝、生丝、熟丝、缫丝、染丝、晒丝、纺丝、织丝，自制粗丝、细丝、人造丝。

[诗词练习]

望月怀远

〔唐〕张九龄

海上生明月，天涯共此时。

情人怨遥夜，竟夕起相思。

灭烛怜光满，披衣觉露滋。

不堪盈手赠，还寝梦佳期。

秋风词

〔唐〕李白

秋风清，秋月明，落叶聚还散，寒鸦栖复惊。相思相见知何日？此时此夜难为情！

入我相思门，知我相思苦，长相思兮长相忆，短相思兮无穷极，早知如此绊人心，何如当初莫相识。

-i(后)[ʅ]舌尖、后、高、不圆唇元音

[发音要领]口腔微开，嘴角向两边展开，舌前部抬起和硬腭前部相对，保持适当距离。发音时，声带振动，软腭上升，关闭鼻腔通路。此韵母只出现在 zh、ch、sh、r 声母的后面(见图4-9)。

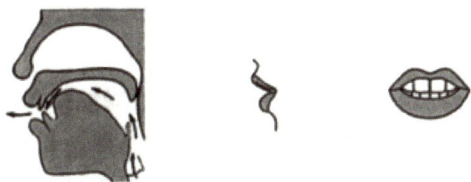

图 4-9　-i(后)发音示意图

[词语练习]

单音节:

值 吃 式 诗 芝 翅 日 指 赤 屎 弑 尺 治

十 脂 志 迟 齿 使 知 炽 汁 虱 池 蚀 痣

双音节:

实施 咫尺 知识 食指 逝世 值日 制止 石狮 事实

直至 试吃 支持 日食 实质 誓师 迟滞 适时 市值

智齿 只是 失职 致使 日志 迟迟 指示 史诗 试制

四音节:

吃里爬外 尺短寸长 赤手空拳 十万火急 石破天惊

势不可当 知书达理 纸上谈兵 置若罔闻 时不我待

直截了当 趾高气扬 事必躬亲 日理万机 驰名中外

[情景语句]

人们都说日出是最美丽的,日出就是日落,当这里的夕阳西下后,地球的另一面就是美丽的黎明。

来到杭州,西湖就近在咫尺了。来到西湖,只觉得其美得令人陶醉。特别是太阳快要落山的时候,红色的落日照在湖面上,十分耀眼,真像是一幅美丽动人的水彩画。

[绕口令练习]

小石与小史,俩人来争执

小石与小史,俩人来争执。小石说"正直"应该读"政治",小史说"整治"应该念"整枝"。俩人争得面红耳赤,谁也没读准"正直""整治""政治"和"整枝"。

说日

夏日无日日亦热,冬日有日日亦寒。春日日出天渐暖,晒衣晒被晒褥单。秋日天高复云淡,遥看红日迫西山。

[诗词练习]

夜雨寄北

〔唐〕李商隐

君问归期未有期,巴山夜雨涨秋池。

何当共剪西窗烛,却话巴山夜雨时。

秋兴八首(其四)

〔唐〕杜甫

闻道长安似弈棋，百年世事不胜悲。

王侯第宅皆新主，文武衣冠异昔时。

直北关山金鼓振，征西车马羽书驰。

鱼龙寂寞秋江冷，故国平居有所思。

(三)卷舌单元音韵母

er[ər]卷舌、央、中、不圆唇元音

[发音要领]口腔自然打开，舌位居中，舌前部上抬，舌尖向后卷向硬腭，但不接触。发音时，声带振动，软腭上升，关闭鼻腔通路(见图4-10)。

图4-10 er 发音示意图

[词语练习]

单音节：

而　二　儿　耳　贰　迩　鸸　珥　咡　饵　尔　洱　迩

双音节：

而且　洱海　儿戏　鸸鹋　儿歌　耳朵　二胡　耳语　而已

二十　耳目　而今　儿时　耳机　尔雅　儿女　耳垢　二审

耳背　儿郎　而立　尔后　耳郭　二流　耳垂　而况　耳福

四音节：

儿女情长　儿孙满堂　而立之年　尔虞我诈　耳提面命

耳聪目明　耳目一新　耳濡目染　耳熟能详　二龙戏珠

二氧化碳　耳鬓厮磨　耳软心活　儿童文学　二人世界

[情景语句]

《蓝精灵2》是一部真人动画喜剧电影，由导演拉加·高斯内尔执导。当那首耳熟能详的主题歌响起时，儿时的回忆也奔涌而来。

洱海是一个风景优美的高原淡水湖泊，在古代文献中曾被称为"叶榆泽""昆弥川""西洱河""西二河"等。而且，"洱海月"还是大理"下关风、上关花、苍山雪、洱海月"四大奇景之一。

[绕口令练习]

二胡与儿歌

二叔儿子拉二胡，二姨女儿练儿歌，儿歌练了二十天，二胡拉了二十年，二舅听了二胡拍拍手，二姑听了儿歌点点头，也不知道是儿歌练了二十天好听，还是二胡拉了二十年悦耳。

说"尔"

要说"尔"专说"尔"，马尔代夫，喀布尔，阿尔巴尼亚，扎伊尔，卡塔尔，尼泊尔，贝尔格莱德，安道尔，萨尔瓦多，伯尔尼，利伯维尔，班珠尔，厄瓜多尔，塞舌尔，哈密尔顿，尼日尔，圣皮埃尔，巴斯特尔，塞内加尔的达喀尔，阿尔及利亚的阿尔及尔。

[诗词练习]

回乡偶书(其一)

〔唐〕贺知章

少小离家老大回，乡音无改鬓毛衰。

儿童相见不相识，笑问客从何处来。

冬日有怀李白

〔唐〕杜甫

寂寞书斋里，终朝独尔思。

更寻嘉树传，不忘角弓诗。

短褐风霜入，还丹日月迟。

未因乘兴去，空有鹿门期。

二、复元音韵母

复元音韵母，简称复韵母。复韵母由两个或三个元音组成，其中由两个元音组成的复韵母叫作二合复韵母，三个元音组成的复韵母叫作三合复韵母。复韵母中主要元音(韵腹)的发音口腔开口度最大，声音最响亮，持续时间最长。二合复韵母中主要元音在前面的叫作前响复韵母，主要元音在后面的叫作后响复韵母。三合复韵母中，主要元音在中间，叫作中响复韵母。

复元音韵母的发音特点与单元音韵母的发音特点不同，单元音韵母发音过程中舌位的前后、高低以及唇形的圆展没有明显的变动，但是复元音韵母的发音是从一个元音滑向另一个元音，元音之间没有明显的界限，每个元音没有独立存在、展现的时间，舌位的前后、高低以及唇形的圆展要进行连续的变动。

(一)前响复韵母

前响复韵母有 4 个，分别是 ai、ei、ao、ou。前响复韵母的发音特点是元音舌位是由低向高滑动，开头的元音音素响亮清晰，收尾的元音音素轻短模糊。

ai[ai]

[发音要领]起点元音是前 a，即前、低、不圆唇元音 a[a]，比单元音 a[A]舌位靠前。发音时，口腔打开，舌尖抵住下齿背，舌面前部隆起，从前 a 开始，舌位向 i[i]方向滑动，唇形转扁，终点元音舌位比单元音 i 略低(见图 4-11)。

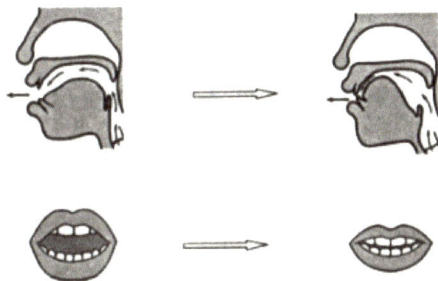

图 4-11　ai 发音示意图

[词语练习]

单音节：

摆 排 麦 戴 泰 奶 赖 钙 恺 亥 斋 才 派

筛 崽 裁 赛 艾 猜 拆 该 奈 来 霾 哀 败

双音节：

爱戴　晒台　采摘　海带　买卖　百态　海苔　拆开　代卖

菜牌　灾害　太太　带来　改派　彩带　抬爱　海菜　皑皑

摆拍　债台　拜拜　拆台　开赛　白菜　拍卖　买菜　开斋

四音节：

百发百中　财迷心窍　盖棺论定　海阔天空　载歌载舞

耐人寻味　泰然自若　债台高筑　排山倒海　爱莫能助

来者不善　卖国求荣　塞翁失马　外强中干　在所不辞

[情景语句]

有人喜欢品牌，所以选择了"苹果"；有人喜欢外观，所以选择了"索爱"；有人认可平台，所以选择了"三星"；有人追求性价比，所以选择了"小米"；我是中毒太深，所以一直在用"诺基亚"。惊闻微软收购诺基亚，就像小孩子心爱的玩具被抢走，情感上受到了深深的伤害。

随着回国留学生的不断增加，人们惊奇地发现"海归"变"海待"，"海待"没人买。于是，很多人开始改变对"留学镀金"的看法，开始意识到"真本领"才是最实在的。

[绕口令练习]

老蔡和老赖

老蔡受爱戴，老赖爱拆台，老蔡不让老赖拆台，老赖诬赖老蔡无赖，老蔡找老赖摊牌，到底谁爱拆台，谁是无赖。

白白和拜拜读买卖

白白把卖读成买，拜拜把买读成卖；是卖还是买，是买还是卖？卖卖买买，买买卖卖，来了柴伯伯，柴伯伯说服白白与拜拜，东西少了就买，东西多了就卖。

[诗词练习]

燕昭王

〔唐〕陈子昂

南登碣石馆，遥望黄金台。

丘陵尽乔木，昭王安在哉？

霸图今已矣，驱马复归来。

青玉案·元夕

〔南宋〕辛弃疾

东风夜放花千树，更吹落、星如雨。宝马雕车香满路。凤箫声动，玉壶光转，一夜鱼龙舞。

蛾儿雪柳黄金缕，笑语盈盈暗香去。众里寻他千百度。蓦然回首，那人却在，灯火阑珊处。

ei[ei]

[发音要领]起点元音不是后、半高、不圆唇元音 e[ɤ]，而是前、半高、不圆唇元音 e[e]，发音

时，舌尖抵住下齿背，舌位从 e 开始升高，向 i[i]的方向滑动，终点元音位置比单元音 i 略低（见图4-12）。

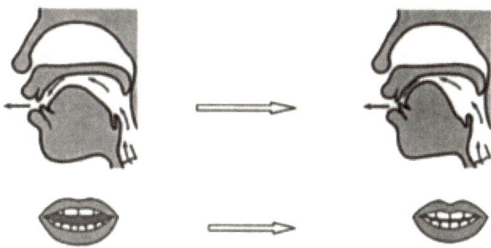

图 4-12　ei 发音示意图

[词语练习]

单音节：

碑　赔　匪　枚　北　馁　垒　给　黑　贼　倍　费

配　美　飞　内　擂　嘿　背　胚　昧　肥　蕾　梅

双音节：

狒狒　蓓蕾　飞贼　妹妹　配备　黑煤　北美　贝贝

贝类　非得　肥美　美美　北非　每每　黑妹　累累

四音节：

杯弓蛇影　背道而驰　飞蛾扑火　匪夷所思　眉飞色舞

废寝忘食　雷霆万钧　美梦成真　贼喊捉贼　卑躬屈膝

北风之恋　没头没脑　非同小可　内外交困　黑灯瞎火

[情景语句]

那些来不及逃生的人们在废墟的黑暗中压了很久，没有水，没有食物，只有随着时间推移不断倍增的恐惧和对曙光的渺茫期望。

父母离婚那年，我十岁，妹妹六岁。离婚后，母亲常常坐在家里，精神恍惚，身体每况愈下。那个时候，我实在不明白，父母为什么非得离婚，为什么要打破我眼中那个美好的家庭。

[绕口令练习]

菲菲和佩佩

菲菲和佩佩，一个像黑煤，一个似蓓蕾，每每二人比对，都说差距百倍。不过自从佩佩去北非，再也不似蓓蕾倒像黑煤，活脱俩姐妹。

小佩小蓓撑伞又扇扇

小佩撑把伞，小蓓摇把扇，撑伞的小佩帮小蓓打伞，摇扇的小蓓帮小佩扇扇，小佩小蓓撑伞又扇扇。

[诗词练习]

山中

〔唐〕王勃

长江悲已滞，万里念将归。

况属高风晚，山山黄叶飞。

金陵驿(其一)

〔南宋〕文天祥

草合离宫转夕晖，孤云飘泊复何依？

山河风景元无异，城郭人民半已非。

满地芦花和我老，旧家燕子傍谁飞？

从今别却江南路，化作啼鹃带血归。

ao[ɑu]

[发音要领]起点元音是后a，即后、低、不圆唇元音a[ɑ]，比单元音a[A]舌位靠后。发音时，口腔打开，舌体后缩，舌面后部隆起，从后a开始，舌位向o[o]方向滑动，唇形逐渐拢圆，终点元音舌位比单元音o略低(见图4-13)。

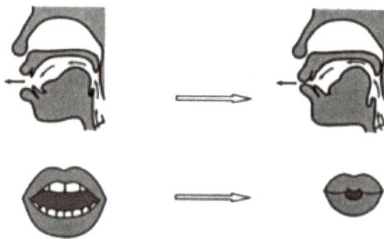

图4-13 ao发音示意图

[词语练习]

单音节：

报 抛 矛 捣 淘 挠 捞 号 靠 劳 沼 草 超

少 饶 藻 嘈 熬 宝 好 照 老 考 跑 刀 闹

双音节：

报道 祷告 敖包 绕道 糟糕 犒劳 早操 懊恼 稻草

号啕 抛锚 牢骚 牢靠 操劳 高潮 讨好 毫毛 照抄

冒号 招考 吵扰 搞好 老套 冒泡 号召 报告 毛毛

四音节：

宝刀不老 超然物外 倒行逆施 高谈阔论 嗷嗷待哺

浩如烟海 老骥伏枥 稍纵即逝 早出晚归 恼羞成怒

超群绝伦 搔首弄姿 朝三暮四 少年老成 造谣惑众

[情景语句]

草地上，一匹匹健壮的马奔跑着，它们在阳光的照耀下发着亮。

说牢骚，道牢骚，如今处处有牢骚；你牢骚，我牢骚，天下谁人没牢骚。于是，有人创建了牢骚网。牢骚是麻醉药，可以减少烦恼，释放压力，让情感得到宣泄和表达，维系心理平衡。

[绕口令练习]

毛毛和涛涛书包调了包

毛毛和涛涛，背着同样的书包，他俩放下书包玩拽包，玩完拽包背书包，稀里糊涂调了包。毛毛打开包，找不到他的书。涛涛打开包，找不到他的报。毛毛涛涛怪书包，你说好笑不好笑。

姥姥有个宝宝

姥姥有个宝宝，宝宝有位姥姥，姥姥疼爱宝宝，宝宝喜爱姥姥。姥姥天天抱宝宝，宝宝天天亲姥姥，姥姥老，走不好，抱着宝宝摔一跤，跌了姥姥，摔了宝宝，宝宝连忙扶姥姥，姥姥赶快抱宝宝。

[诗词练习]

春晓

〔唐〕孟浩然

春眠不觉晓，处处闻啼鸟。

夜来风雨声，花落知多少？

咏柳

〔唐〕贺知章

碧玉妆成一树高，万条垂下绿丝绦。

不知细叶谁裁出，二月春风似剪刀。

ou[ou]

[发音要领]起点元音比单元音o[o]的舌位略低、略前，接近央元音e[ə]，唇形略圆。发音时，由起点元音开始，舌位向u[u]的方向滑动，终点元音位置比单元音u略低(见图4-14)。

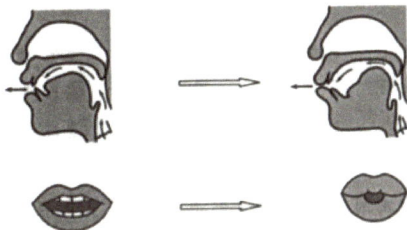

图4-14 ou发音示意图

[词语练习]

单音节：

剖 眸 否 兜 偷 漏 抠 侯 肘 瞅 吼 寇

授 柔 邹 凑 艘 藕 否 谋 愁 狗 首 粥

双音节：

叩首 后头 筹谋 豆蔻 丑陋 喉头 兜售 佝偻 凑手 收走

收购 漏斗 守候 走漏 抖擞 欧洲 透漏 口臭 兽首 忧愁

飕飕 凑够 周某 口头 臭手 头筹 周口 后轴 口授 收受

四音节：

愁眉苦脸 豆蔻年华 狗血喷头 后生可畏 踌躇满志

口蜜腹剑 偷天换日 手舞足蹈 走马观花 呕心沥血

钩心斗角 搜肠刮肚 谋臣武将 剖肝沥胆 漏洞百出

[情景语句]

2004年有报道说，美国总统高达40万美元的年收入没有一个欧洲国家领导人能够突破。那么，欧洲国家的元首年收入到底有多少呢？年收入最高的是奥地利总统，每年收入29.8万欧元，总理紧随其后，每年收入26.6万欧元。同一等级的还有英国和德国的首脑。梵蒂冈教皇每年的收入仅2.76万欧元，是最少的。

[绕口令练习]

小偷和小丑

小偷年方豆蔻，精神抖擞；小丑背部佝偻，面貌奇丑。小偷偷了小丑来练手，小丑劝说小偷要收手，你说到底小偷小丑谁丑陋？

兜装豆

兜里装豆，豆装满兜，兜破漏豆。倒出豆，补破兜，补好兜，又装豆，装满兜，不漏豆。

[诗词练习]

登鹳雀楼

〔唐〕王之涣

白日依山尽，黄河入海流。

欲穷千里目，更上一层楼。

从军行(其一)

〔唐〕王昌龄

烽火城西百尺楼，黄昏独上海风秋。

更吹羌笛关山月，无那金闺万里愁。

(二)后响复韵母

后响复韵母有 5 个，分别是 ia、ie、ua、uo、üe。后响复韵母开头的元音都是高元音 i-、u-、ü-，舌位由高向低滑动，收尾的元音要较为响亮清晰。作为韵头的音 i-、u-、ü-，发音轻短，而这些韵头在音节中，特别是在零声母的音节中常常会带有轻微摩擦。

ia[iA]

[发音要领]起点元音是前、高元音 i[i]，舌位滑向央、低元音 a[A]结束。发音时 i 的发音较短，a 的发音响亮较长(见图 4-15)。

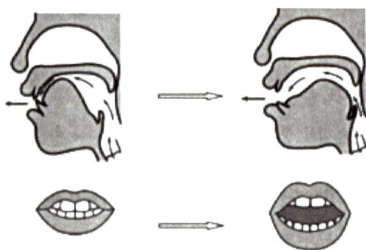

图 4-15 ia 发音示意图

[词语练习]

单音节：

俩 掐 霞 加 压 洽 钾 下 颊 驾 卡

夹 恰 虾 家 狭 甲 吓 假 侠 瞎 佳

双音节：

家鸭 恰恰 押下 假牙 压价 家家 下架

加价 下牙 下家 掐下 崖下 掐架 加压

四音节：

家喻户晓　戛然而止　假戏真做　驾轻就熟　假公济私

恰如其分　虾兵蟹将　狭路相逢　下笔成章　雅俗共赏

佳人才子　价值连城　掐头去尾　瑕瑜互见　下不为例

[情景语句]

佟丽娅，中国当红女演员。早在18岁时，佟丽娅就获得了新疆小姐亚军头衔。她那娇俏的脸颊、优雅的身形，是《母仪天下》中的赵飞燕，也恰是《北京爱情故事》里的冷美人沈冰。

家是我们每个人的归宿，有家便是一种幸福。"快乐"回家分享，"压力"回家缓解，"忧愁"回家诉说。在家庭里，我们可以永远享受无私的、温暖的爱。

[绕口令练习]

贾庄和夏庄

贾庄每家养小鸭，夏庄家家养对虾，小鸭长成想涨价，对虾养成想加价，涨价不成反跌价，加价不成又减价，贾庄后悔都养鸭，夏庄后悔全养虾。

鸭和霞

天上飘着一片霞，水上漂着一群鸭。霞是五彩霞，鸭是麻花鸭。麻花鸭游进五彩霞，五彩霞挽住麻花鸭。乐坏了鸭，拍碎了霞，分不清是鸭还是霞。

[诗词练习]

隋宫

〔唐〕李商隐

紫泉宫殿锁烟霞，欲取芜城作帝家。

玉玺不缘归日角，锦帆应是到天涯。

于今腐草无萤火，终古垂杨有暮鸦。

地下若逢陈后主，岂宜重问后庭花。

天净沙·秋思

〔元〕马致远

枯藤老树昏鸦，小桥流水人家，古道西风瘦马。

夕阳西下，断肠人在天涯。

ie[iɛ]

[发音要领]起点元音是前、高元音 i[i]，舌位滑向前、半低元音 ê[ɛ]，实际终点元音位置比 ê 略高。i 发音较短，ê 发音响亮较长(见图4-16)。

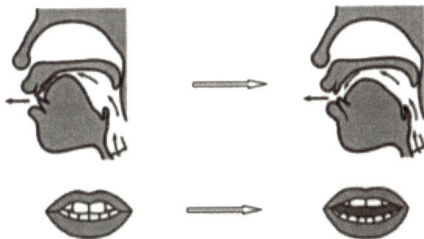

图 4-16　ie发音示意图

[词语练习]

单音节：

别 撇 灭 爹 铁 捏 列 街 切 些 也 窃 姐

裂 孽 接 怯 谢 烨 叠 界 猎 帖 噎 瘪 且

双音节：

节烈 趔趄 铁鞋 窃窃 结业 贴切 斜切 爹爹 业界

谢谢 裂解 接界 姐姐 斜街 冶铁 歇业 爷爷 结节

四音节：

别有洞天 跌宕起伏 喋喋不休 节外生枝 铁面无私

借题发挥 切肤之痛 铁案如山 叶落归根 灭顶之灾

蹑手蹑脚 卸磨杀驴 裂石穿云 锲而不舍 谢天谢地

[情景语句]

说到广州，便不得不提早茶、糖水和夜宵。广州人爱吃，也特别会吃，每一个到访广州的游客都会在街头巷尾切身感受到这些，即使是大年初一，早茶也不会歇业。接下来，就让我们开始今天的广州饕餮之旅吧！

[绕口令练习]

老谢和小杰

老谢是爹爹，儿子是小杰，二人去逛斜街，鞋上沾满铁屑，老谢打了趔趄，小杰直喊爹爹。

茄子

姐姐借刀切茄子，去把儿去叶儿斜切丝，切好茄子烧茄子、炒茄子、蒸茄子，还有一碗焖茄子。

[诗词练习]

寄人

〔唐〕张泌

别梦依依到谢家，小廊回合曲阑斜。

多情只有春庭月，犹为离人照落花。

好事近·渔父词(其一)

〔宋〕朱敦儒

摇首出红尘，醒醉更无时节。活计绿蓑青笠，惯披霜冲雪。

晚来风定钓丝闲，上下是新月。千里水天一色，看孤鸿明灭。

ua[uA]

[发音要领]起点元音是后、高、圆唇元音u[u]，舌位滑向央、低元音a[A]结束，唇形由圆变展。u发音较短，a的发音响亮较长(见图4-17)。

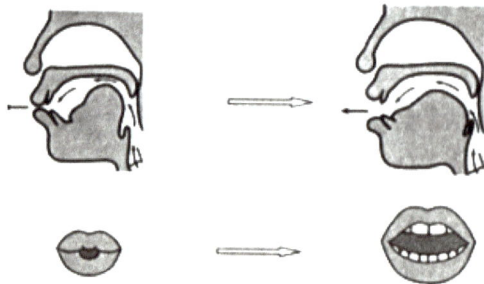

图4-17 ua发音示意图

［词语练习］

单音节：

刮　跨　花　抓　刷　哇　瓦　卦　话　娃　哗　娲　挎

滑　爪　寡　耍　华　夸　袜　垮　桦　画　挖　刬　瓜

双音节：

娃娃　画画　花袜　呱呱　耍滑　挂花

挂画　刷刷　夸夸　画花　哗哗　花褂

四音节：

瓜熟蒂落　寡不敌众　花天酒地　滑头滑脑　夸夸其谈

化险为夷　画龙点睛　挖肉补疮　抓耳挠腮　哗众取宠

蛙鸣蝉叫　刮目相看　夸父追日　瓦解冰消　花容月貌

［情景语句］

"嘻唰唰"本是KTV中划拳的一种形式，划拳结果的不确定让花儿乐队主唱大张伟联想到身边很多朋友所遭遇过的爱情，因此，他根据日本组合PUFFY的《K2G奔向你》，编写了《嘻唰唰》这首歌。

从五岁起，妈妈就送我去学画画，开始我并没有太大的兴趣，可渐渐地有人夸我画得好，儿时的我就因为这样的夸奖而越画越起劲，直到有了今天的成就。

［绕口令练习］

花、袜、褂

妈妈挎着花篮去卖花，娃娃穿着花袜去买褂，不料街上流水哗哗直打滑，妈妈扔了花篮，娃娃湿了花袜，妈妈卖不了花，娃娃买不成褂。

小华和胖娃

小华和胖娃，两人种花又种瓜，小华会种花不会种瓜，胖娃会种瓜不会种花，小华教胖娃种花，胖娃教小华种瓜。

［诗词练习］

乌衣巷

〔唐〕刘禹锡

朱雀桥边野草花，乌衣巷口夕阳斜(xiá)。

旧时王谢堂前燕，飞入寻常百姓家。

浣溪沙·簌簌衣巾落枣花

〔北宋〕苏轼

簌簌衣巾落枣花，村南村北响缫车，牛衣古柳卖黄瓜。

酒困路长惟欲睡，日高人渴漫思茶，敲门试问野人家。

uo［uo］

［发音要领］起点元音是后、高元音 u［u］，舌位向下滑到后、半高元音 o［o］结束。发音过程中，唇形始终保持圆唇，开头收缩较紧，结尾开口度稍加大。u 发音较短，o 发音响亮较长（见图4-18）。

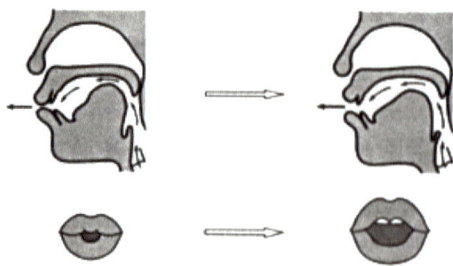

图 4-18　uo 发音示意图

[词语练习]

单音节：

多　拖　诺　螺　裸　扩　获　桌　戳　硕　若　做　裸

措　缩　握　拓　廓　绰　说　琢　索　托　弱　堕　落

双音节：

懦弱　哆嗦　硕果　骆驼　火锅　陀螺　堕落　做作　坐落

蹉跎　阔绰　罗锅　窝火　脱落　国货　挪窝　过错　躲过

四音节：

绰绰有余　多愁善感　国泰民安　豁然开朗　火光四射

锣鼓喧天　若隐若现　缩衣节食　卓尔不群　措手不及

托物感怀　唾手可得　说三道四　弱不禁风　左邻右舍

[情景语句]

诗人曾说："天空一无所有，为何给我安慰。"看似简单的一句话，却能让人想到很多很多，天空那么广阔，那么纯净，因为"空"所以能承托内心，包容一切。不管结果如何，抬头仰望那广阔的天空，一切都会豁然开朗。

[绕口令练习]

小罗和小多

骆驼驮着菠萝，笸箩装着萝卜，小罗骑着骆驼数菠萝，小多拿着笸箩数萝卜，也不知道是小罗骑的骆驼驮着的菠萝多，还是小多拿的笸箩装着的萝卜多。

罗锅背铁锅

罗锅背铁锅，铁锅压罗锅。罗锅不背铁锅，铁锅不压罗锅。

[诗词练习]

拟咏怀（其七）

〔南北朝〕庾信

榆关断音信，汉使绝经过。

胡笳落泪曲，羌笛断肠歌。

纤腰减束素，别泪损横波。

恨心终不歇，红颜无复多。

枯木期填海，青山望断河。

北来人

〔南宋〕刘克庄

试说东都事，添人白发多。

寝园残石马，废殿泣铜驼。

胡运占难久，边情听易讹。

凄凉旧京女，妆髻尚宣和。

üe[yɛ]

[发音要领]起点元音是前、高元音 ü[y]，舌位滑向前、半低元音 ê[ɛ]，实际终点元音位置比 ê 略高，唇形由圆到不圆。ü 发音较短，ê 发音响亮较长(见图4-19)。

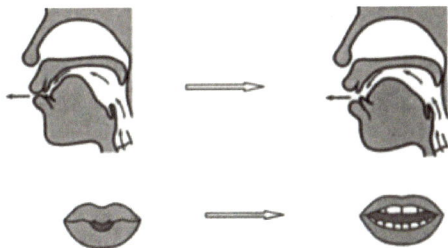

图4-19　üe发音示意图

[词语练习]

单音节：

虐　略　觉　却　薛　越　雪　缺　学　约　疟　削

瘸　雀　靴　炔　血　榷　穴　撅　噱　倔　阕　谑

双音节：

雪月　决绝　雀跃　绝学　约略　月缺　跃跃　缺略

四音节：

绝处逢生　略识之无　月明星稀　鹊巢鸠占　缺一不可

学富五车　血海深仇　约定俗成　跃跃欲试　雪中送炭

虐老兽心　月明星稀　确乎不拔　血海深仇　越俎代庖

[情景语句]

2012年，27.29万中国留学生回国，人数约等于1978年到2006年的总和。分析认为，我国现处于"智力流失"向"智力回流"的过渡时期，越来越多的人将梦想腾飞的地方选在祖国。过去，祖国需要留学生。现在，留学生更需要祖国。

从哲学的角度看，任何事物是相对的，不是绝对的。因此，老师在评价学生时，应该客观和全面地描述，而不是给一个绝对的等级评定。

[绕口令练习]

瘸子和橛子

南面来了个瘸子，腰里别着个橛子，北边来了个矬子，肩上挑着担茄子。别橛子的瘸子要用橛子换挑茄子的矬子的茄子，挑茄子的矬子不给别橛子的瘸子茄子。别橛子的瘸子抽出腰里的橛子打了挑茄子的矬子一橛子，挑茄子的矬子拿起茄子打了别橛子的瘸子一茄子。

雪

天上下雪，空中飘雪，地上积雪，小孩滑雪，大人扫雪。屋上是雪，树上是雪，车上是雪，到处都是雪。

[诗词练习]

江雪

〔唐〕柳宗元

千山鸟飞绝，万径人踪灭。

孤舟蓑笠翁，独钓寒江雪。

村夜

〔唐〕白居易

霜草苍苍虫切切，村南村北行人绝。

独出门前望野田，月明荞麦花如雪。

(三)中响复韵母

中响复韵母有4个：iao、iou、uai、uei。三合复韵母都是中响复韵母，主要元音处在中间。这一组韵母发音的特点是舌位由高向低滑动，再从低向高滑动。发音时，开头的元音较短促、不响亮，中间的元音清晰、响亮，收尾的元音较为轻短，不是很清晰。

在拼写时，三合复韵母 iou 和 uei 简化为 iu 和 ui。拼写时省略掉的韵腹 o 和 e，发音时不能省略。

iao[iau]

[发音要领]起点元音为前、高、不圆唇元音 i[i]，然后舌位向下、向后降至后、低元音 a[ɑ]（后a），再向后、半高、圆唇元音 o 滑动，终止元音比 u 略低。唇形开始为不圆唇，从中间的元音 a 开始逐渐变为圆唇（见图4-20）。

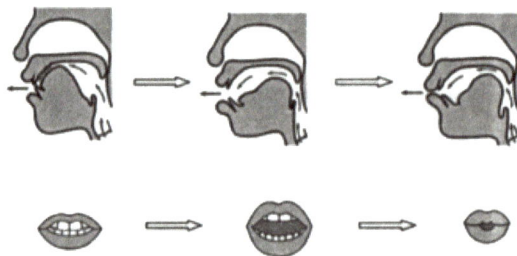

图 4-20 iao 发音示意图

[词语练习]

单音节：

标 票 庙 调 挑 袅 聊 娇 敲 萧 耀 瑶 料

廖 姚 笑 侨 嚼 苗 鸟 窕 貂 脚 朴 彪 了

双音节：

缥缈 吊销 脚镣 苗条 逍遥 叫嚣 巧妙 疗效 小巧

窈窕 袅袅 教条 渺小 妙药 迢迢 吊桥 娇俏 调教

四音节：

表里如一 娇生惯养 遥不可及 寥若晨星 耀武扬威

妙趣横生 巧取豪夺 挑三拣四 笑里藏刀 料事如神

调虎离山　交头接耳　鸟枪换炮　漂泊无定　小题大做

[情景语句]

2008年5月12日下午2点28分，外婆哼着摇篮曲，正哄一岁的小天琦睡觉。突然天摇地动，玻璃掉了一地，这一切都让人始料不及。外婆赶紧将外孙死死地抱在怀中，蹲在一面承重墙的墙角。楼垮塌后，祖孙二人在倒塌的水泥板和墙面形成的狭小夹角中幸免于难。可是余震不断，倾斜的水泥板摇摇欲坠。为了保护外孙，老人用自己瘦弱的身体苦苦支撑倒塌的墙壁长达56小时！

[绕口令练习]

鸟看表

水上漂着一只表，表上落着一只鸟。鸟看表，表瞪鸟，鸟不认识表，表也不认识鸟。

铜勺铁勺舀油

铜勺舀热油，铁勺舀凉油；铜勺舀了热油舀凉油，铁勺舀了凉油舀热油。舀油入炒勺，月月有佳肴。先炖鱿鱼块，后扒羊肉条。火在炉下燃，油在勺中熬，满锅同炎热，管它铜勺与铁勺。

[诗词练习]

望　岳

〔唐〕杜甫

岱宗夫如何？齐鲁青未了。

造化钟神秀，阴阳割昏晓。

荡胸生曾云，决眦入归鸟。

会当凌绝顶，一览众山小。

除夜自石湖归苕溪(其一)

〔南宋〕姜夔

细草穿沙雪半销，吴宫烟冷水迢迢。

梅花竹里无人见，一夜吹香过石桥。

iou[iou]

[发音要领]起点音是前、高、不圆唇元音i[i]，然后舌位下降后移，降至比央元音e[ə]稍后的位置，再向后、高、圆唇元音u[u]滑动，终止元音比u略低。唇形开始为不圆唇，从e开始逐渐圆唇(见图4-21)。

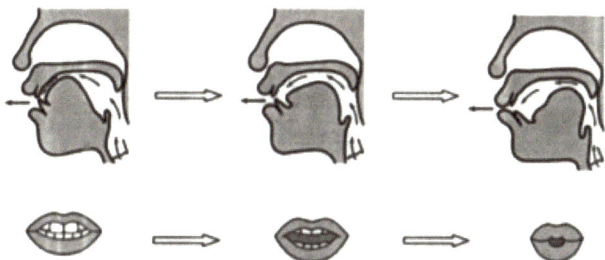

图4-21　iou发音示意图

[词语练习]

单音节：

谬　丢　妞　浏　揪　修　幽　酒　救　牛　六　秋　杇

邱　绣　柳　游　休　究　钮　溜　油　拗　球　绺　馏

双音节：

九流　悠久　绣球　舅舅　流油　幽幽　求救　酒友　久留

优秀　牛油　琉球　秋游　妞妞　球友　悠悠　旧友　刘秀

四音节：

酒囊饭袋　救亡图存　求贤若渴　囚首垢面　悠然自得

羞与为伍　秀色可餐　油腔滑调　有口皆碑　柳暗花明

扭转乾坤　牛鬼蛇神　丢人现眼　秋毫无犯　有教无类

[情景语句]

1929年10月华尔街股市崩盘，经济大萧条席卷全球，远在南半球的澳大利亚也难逃厄运，整个悉尼死气沉沉，唯一有生气的地方就是悉尼港的建筑工地，工人们在这里流下汗水。如今，这里已成为整个悉尼的旅游枢纽，更是悉尼秀美景色的代表。

我想要的未来生活是：有房子住，不用多大，最好窗外有阳光；早晚有酸奶，每天有水果，简单的餐食，有时间陪爸妈；有工作，有单反，有书看，有歌听；朋友时常聚聚，有时间到处走走。这样，就足够了。

[绕口令练习]

小柳柳望着牛儿游

小溪流，流呀流，流到村头柳树沟。柳树沟里一头牛，沟边坐着小柳柳，柳柳望着牛儿游，乐得身儿晃悠悠。柳柳从小爱劳动，人人都夸好妞妞。

六十六岁刘老六

六十六岁刘老六，修了六十六座走马楼，楼上摆了六十六瓶苏合油，门前栽了六十六棵垂杨柳，柳上拴了六十六个大马猴。忽然一阵狂风起，吹倒了六十六座走马楼，打翻了六十六瓶苏合油，压倒了六十六棵垂杨柳，吓跑了六十六个大马猴，气死了六十六岁刘老六。

[诗词练习]

山居秋暝

〔唐〕王维

空山新雨后，天气晚来秋。

明月松间照，清泉石上流。

竹喧归浣女，莲动下渔舟。

随意春芳歇，王孙自可留。

如梦令·昨夜雨疏风骤

〔宋〕李清照

昨夜雨疏风骤，浓睡不消残酒。试问卷帘人，却道海棠依旧。知否？知否？应是绿肥红瘦。

uɑi[uai]

[发音要领]起点元音为后、高、圆唇元音 u[u]，然后舌位向前滑降到前、低、不圆唇元音 ɑ[a]（前 ɑ），再向 i[i]方向滑升，终止元音比 i 略低。唇形开始为圆唇，从前 ɑ 逐渐变为展唇（见图4-22）。

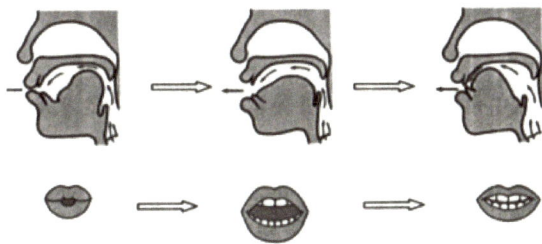

图 4-22 uai 发音示意图

[词语练习]

单音节：

怪 拽 踹 帅 外 歪 槐 揣 徊 佮 跰 率 崴

快 拐 摔 怀 甩 乖 坏 衰 筷 蒯 踝 蜌 脍

双音节：

怀揣 外踝 乖乖 外快 摔坏 拽歪 踹坏 歪歪

四音节：

拐弯抹角 怀才不遇 快步流星 脍炙人口 外圆内方

率由旧章 歪打正着 外强中干 外交辞令 歪门邪道

怀恨在心 快人快语 怪模怪样 率马以骥 揣合逢迎

[情景语句]

2013 年，各大卫视的真人秀节目让观众大快朵颐。重启的《快乐男声》始终抵不过实力派《我是歌手》，酷帅无比的《全能星战》错峰推出，把竞争对手甩在后边。

[绕口令练习]

小乖和小怀

小怀赚了外快买电脑，小乖卖了电脑赚外快，小怀买了电脑又摔坏，小乖拿着外快买了电脑送小怀，小怀不要小乖的电脑，感谢小乖又释怀。

槐树歪歪

槐树歪歪，坐个乖乖，乖乖用手，摔了老酒，酒瓶摔坏，奶奶不怪，怀抱乖乖，出外买买。

[诗词练习]

临高台

〔南朝齐〕王融

游人欲骋望，积步上高台。

井莲当夏吐，窗桂逐秋开。

花飞低不入，鸟散远时来。

还看云栋影，含月共徘徊。

浣溪沙·一曲新词酒一杯

〔北宋〕晏殊

一曲新词酒一杯，去年天气旧亭台。夕阳西下几时回？

无可奈何花落去，似曾相识燕归来。小园香径独徘徊。

uei[uei]

[发音要领]起点音是后、高、圆唇元音 u[u]，舌位向前、向下滑到比前、半高元音 e[e]稍微偏后、偏低的位置，然后再向 i[i]的方向滑升，终止元音比 i 略低。唇形从圆唇开始，至 e 逐渐变为展唇（见图 4-23）。

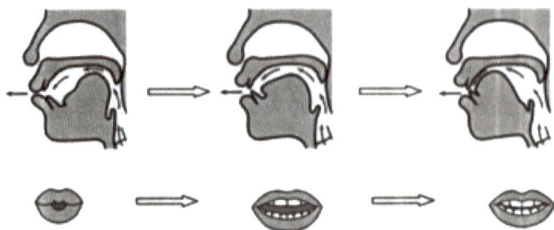

图 4-23　uei 发音示意图

[词语练习]

单音节：

堆　退　桂　奎　辉　坠　锤　税　睿　最　随　脆　为

威　鬼　虽　璀　吹　委　愧　晖　轨　兑　归　回　跪

双音节：

推诿　归队　悔罪　翠微　荟萃　尾随　坠毁　魁伟　队徽

汇兑　罪魁　摧毁　鬼祟　回味　围追　回馈　畏罪　卫队

对味　垂危　退位　追尾　醉鬼　回归　追回　水位　未遂

四音节：

吹灯拔蜡　垂头丧气　鬼迷心窍　灰头土脸　委以重任

水乳交融　随心所欲　唯我独尊　醉生梦死　惴惴不安

吹毛求疵　诲人不倦　愧不敢当　巍然屹立　绘声绘色

[情景语句]

令人感动和欣慰的是，面对从天而降的灾难，灾区的孩子学会了坚强，在废墟下面，五岁的小朋友任思维勇敢地唱着《两只老虎》，还安慰外面的救援人员；在救援队伍经过的路边，村里的孩子们排成一队，高高地举着"感谢"的标语……孩子们学会了用自己的方式表达爱。

[绕口令练习]

接水

威威、伟伟和卫卫，拿着水杯去接水。威威让伟伟，伟伟让卫卫，卫卫让威威，没人先接水。一二三，排好队，一个一个来接水。

谁胜谁

梅小卫叫飞毛腿，卫小辉叫风难追。两人参加运动会，百米赛跑快如飞。飞毛腿追风难追，风难追追飞毛腿。梅小卫和卫小辉，最后不知谁胜谁。

[诗词练习]

野望

〔隋末唐初〕王绩

东皋薄暮望，徙倚欲何依。

树树皆秋色，山山唯落晖。

牧人驱犊返，猎马带禽归。

相顾无相识，长歌怀采薇。

凉州词(其一)

〔唐〕王翰

葡萄美酒夜光杯，欲饮琵琶马上催。

醉卧沙场君莫笑，古来征战几人回？

三、鼻韵母

鼻韵母元音音素的后面附带一个鼻辅音作韵尾，普通话中带鼻尾音-n的韵母简称为前鼻韵母，带鼻尾音-ng的韵母简称为后鼻韵母。训练时尤其要注意前后鼻音的发音区别，在很多方言区并不能将两者相区分。前鼻韵母有8个，分别是 an、en、in、ün、ian、uan、üan、uen；后鼻韵母也是8个，分别是 ang、eng、ing、ong、iong、iang、uang、ueng。

前后鼻音区别要点：

一是舌位不同。前鼻韵母韵尾舌面前部贴向硬腭前部，后鼻韵母韵尾舌面后部隆起与软腭闭合，这是前后鼻韵母最主要的区别(见图4-24)。

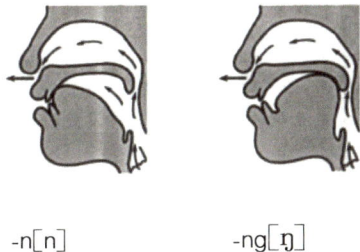

-n[n]　　　-ng[ŋ]

图4-24　前后鼻韵母区别示意图

二是口形不同。前鼻韵母在发音时韵尾口形固定，后鼻韵母在发音时韵尾口形一般随韵腹而变。

(一)前鼻韵母

an[an]

[发音要领]起点元音是前、低、不圆唇元音 a[a](前 a)，然后将舌面抬高，舌面前部隆起贴向硬腭前部。当两者将要接触时，软腭下降，打开鼻腔通路，舌面前部与硬腭前部闭合，气流在口腔受到阻碍，从鼻腔流出(见图4-25)。

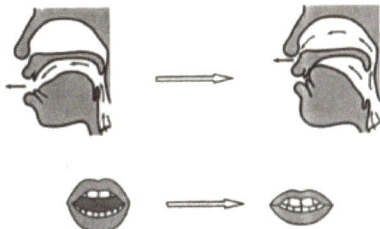

图4-25　an发音示意图

★　视频

鼻韵母an的发音要领

[词语练习]

单音节：

瓣　攀　蛮　丹　谭　楠　诞　敢　看　函　盏　颤　反

删 攒 残 散 俺 灿 湛 版 潘 耽 摊 坦 安

双音节：

参赞 胆敢 泛滥 难堪 摊贩 坦然 烂漫 湛蓝 惨淡

谈判 繁难 橄榄 漫谈 反感 翻版 贪婪 沾染 办案

潸然 拌饭 寒战 反弹 暗含 勘探 难产 感叹 冉冉

四音节：

半途而废 惨不忍睹 胆战心惊 三心二意 赞不绝口

肝肠寸断 漫山遍野 判若两人 谈虎色变 黯然失色

沾沾自喜 姗姗来迟 探本求源 泛泛之交 幡然悔悟

[情景语句]

看着父亲安静地躺在那里，两鬓斑白，面容安详，我的心情无比沉重。我是家中最小的孩子，父亲最爱我，可在父亲生命的最后阶段，我却没能陪在他的身旁，甚至没能多去医院看他几次。

青春，一半明媚，一半忧伤，它是一本著作，而我们却读得太匆忙。于不经意间，青春的书籍悄然合上，以至于我们要重新研读它时，却发现青春的书籍早已落满尘埃，模糊不清。

[绕口令练习]

南南有个篮篮

南南有个篮篮，篮篮装着盘盘，盘盘放着碗碗，碗碗盛着饭饭。南南翻了篮篮，篮篮扣了盘盘，盘盘打了碗碗，碗碗撒了饭饭。

演员制服

男演员穿蓝制服，女演员穿棉制服，蓝制服是棉制服，棉制服是蓝制服。男演员穿蓝棉制服，女演员穿棉蓝制服。

[诗词练习]

月夜

〔唐〕杜甫

今夜鄜州月，闺中只独看。

遥怜小儿女，未解忆长安。

香雾云鬟湿，清辉玉臂寒。

何时倚虚幌，双照泪痕干。

宿五松山下荀媪家

〔唐〕李白

我宿五松下，寂寥无所欢。

田家秋作苦，邻女夜舂寒。

跪进雕胡饭，月光明素盘。

令人惭漂母，三谢不能餐。

en[ən]

[发音要领]起点元音 e 的舌位比单发时偏低、偏前，接近央元音 e[ə]，舌位居中，然后将舌面抬高，舌面前部隆起贴向硬腭前部。两者将要接触时，软腭下降，打开鼻腔通路，舌面前部与硬腭前部闭合，气流在口腔受到阻碍，从鼻腔流出(见图 4-26)。

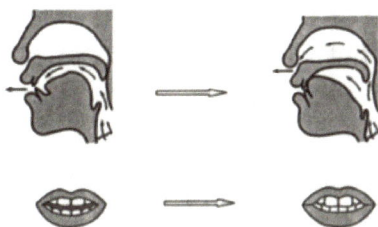

图 4-26　en 发音示意图

[词语练习]

单音节：

奔　喷　闷　奋　人　跟　垦　痕　镇　趁　肾　臣　真
怎　砷　森　嗯　岑　任　本　盆　沉　嫩　肯　甄　琛

双音节：

本身　门诊　审慎　振奋　根本　愤恨　人参　认真　恩人
深沉　沉闷　深圳　本分　妊娠　人们　珍本　本真　分文
粉尘　身份　愤懑　分针　神人　本人　门神　真身　真人

四音节：

本末倒置　笨手笨脚　参差不齐　趁火打劫　奋不顾身
分庭抗礼　闷声闷气　神来之笔　震耳欲聋　身败名裂
恩重如山　喷薄欲出　纷至沓来　针锋相对　愤愤不平

[情景语句]

师傅直到去世也不知道自己得的是什么病，我们觉得这样他可以走得快乐些。师傅待人真诚、友善，对我们恩重如山，传授我们技艺，教我们做人。唉！我们都以为他老人家可以长寿的。

[绕口令练习]

小陈和小沈

小陈去卖针，小沈去卖盆。俩人挑着担，一起出了门。小陈喊卖针，小沈喊卖盆。也不知是谁卖针，也不知是谁卖盆。

门碰盆

陈诚捧门门很沉，程晨捧盆盆盛粉。陈诚的门碰程晨的盆，盆里的粉被碰出了盆，碰出的粉，弄脏了门。程晨恨，陈诚哼：怪盆，怪粉，还是怪门沉？

[诗词练习]

送元二使安西

〔唐〕王维

渭城朝雨浥轻尘，客舍青青柳色新。

劝君更尽一杯酒，西出阳关无故人。

酬乐天扬州初逢席上见赠

〔唐〕刘禹锡

巴山楚水凄凉地，二十三年弃置身。

怀旧空吟闻笛赋，到乡翻似烂柯人。

沉舟侧畔千帆过，病树前头万木春。

今日听君歌一曲，暂凭杯酒长精神。

in[in]

[发音要领]起点元音是前、高、不圆唇元音 i[i]，然后将舌面抬高，舌面前部隆起贴向硬腭前部。两者将要接触时，软腭下降，打开鼻腔通路，舌面前部与硬腭前部闭合，气流在口腔受到阻碍，从鼻腔流出（见图 4-27）。

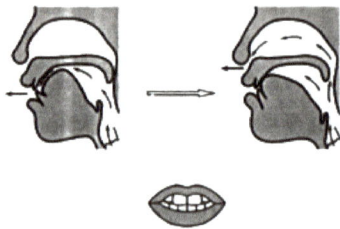

★ 视频

鼻韵母in的发音要领

图 4-27　in发音示意图

[词语练习]

单音节：

斌　频　闽　您　淋　晋　秦　心　引　紧　欣　琴　寝

临　民　聘　钦　银　馨　拼　信　亲　津　印　吝　因

双音节：

濒临　凛凛　音频　薪金　民心　辛勤　近邻　金印　仅仅

拼音　引进　信心　近亲　隐隐　亲民　新品　秦晋　亲近

殷勤　林荫　金银　临近　欣欣　亲信　新进　紧邻　淋淋

四音节：

金碧辉煌　紧锣密鼓　琳琅满目　民脂民膏　亲密无间

沁人心脾　心旷神怡　信马由缰　引吭高歌　津津乐道

勤能补拙　民族大义　阴差阳错　彬彬有礼　贫贱之交

[情景语句]

凤凰卫视精心打造的选美品牌"中华小姐环球大赛"是拉近全球华人距离、建立华人新生代美丽标准的选美大赛。2005 年，50 位华人世界最美丽的女孩作为爱心使者到访遭受连环恐怖袭击的印度尼西亚，以勇气和爱心一扫弥漫在巴厘岛上空的阴霾。

多少真心、痴心、爱心都变成伤心、灰心，最后我只剩下这颗破碎的心，默默拼凑出爱的幻影。

[绕口令练习]

小欣小琴学拼音

小欣小琴是近邻，二人一起学拼音。小欣民心写明星，小琴明星写民心。二人前后鼻不分，通过音频学发音。

你也勤来我也勤

你也勤来我也勤，生产同心土变金。工人农民亲兄弟，心心相印团结紧。

[诗词练习]

在狱咏蝉

〔唐〕骆宾王

西陆蝉声唱，南冠客思侵。

那堪玄鬓影，来对白头吟。

露重飞难进，风多响易沉。

无人信高洁，谁为表予心？

题破山寺后禅院

〔唐〕常建

清晨入古寺，初日照高林。

曲径通幽处，禅房花木深。

山光悦鸟性，潭影空人心。

万籁此俱寂，但余钟磬音。

ün[yn]

[发音要领]起点元音是前、高、圆唇元音ü[y]。与in的发音方法相似，唇形变化不同。ün从ü开始，唇形从圆唇逐步展开，而in的唇形始终是展唇（见图4-28）。

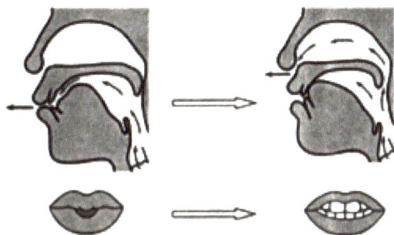

★ 视频

鼻韵母ün的发音要领

图4-28 ün发音示意图

[词语练习]

单音节：

均 裙 熏 云 韵 寻 群 俊 菌 讯 允 郡 晕

孕 巡 军 昀 勋 陨 逡 洵 熨 君 逊 钧 耘

双音节：

军训 逡巡 芸芸 均匀 循循 菌群 熏晕

四音节：

君主立宪 骏马奔腾 群龙无首 逡巡不前 芸芸众生

寻根究底 晕头转向 熏风解愠 运筹帷幄 云淡风轻

群雄逐鹿 徇私枉法 军临城下 君子协定 军令如山

[情景语句]

2013年9月，日本动画大师宫崎骏正式宣布退休，令世界各地的粉丝伤心不已。《天空之城》《龙猫》《千与千寻》这些家喻户晓的作品，不仅打动人心，同时也蕴含着发人深省的道理。

半个多世纪后，很多阔别家乡多年的老兵回到家乡寻找亲人、寻找儿时的记忆，但却发现现实如此陌生。人群中难以寻找到熟悉的面孔，村落中难以寻找到熟悉的房屋。

[绕口令练习]

换裙子

军车运来一堆裙，一色军用绿色裙。军训女生一大群，换下花裙换绿裙。

军军和云云

军军去参军，云云去寻菌，军军立志当将军，云云立志找到菌。

[诗词练习]

湖口望庐山瀑布水

〔唐〕张九龄

万丈红泉落，迢迢半紫氛。

奔流下杂树，洒落出重云。

日照虹霓似，天清风雨闻。

灵山多秀色，空水共氤氲。

杨生青花紫石砚歌

〔唐〕李贺

端州石工巧如神，踏天磨刀割紫云。

佣刓抱水含满唇，暗洒苌弘冷血痕。

纱帷昼暖墨花春，轻沤漂沫松麝薰。

干腻薄重立脚匀，数寸光秋无日昏。

圆毫促点声静新，孔砚宽顽何足云！

ian[ian]

[发音要领]此韵母相当于在 an 的前面加 i 的动程。起点元音是前、高、不圆唇元音 i[i]，舌位向前、低元音 a[a]（前 a）方向滑降，但还没降到 a，在接近于前、半低元音 ê[ɛ]的位置就开始升高，直到舌面前部与硬腭前部闭合形成-n 鼻音（见图 4-29）。

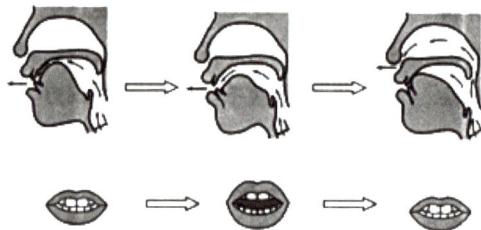

★ 视频

鼻韵母 ian 的发音要领

图 4-29　ian 发音示意图

[词语练习]

单音节：

鞭　篇　眠　垫　填　黏　炼　建　钱　显　彦　燕　检

现　签　倩　先　敛　年　添　殿　绵　骈　贬　脸　兔

双音节：

变脸　癫痫　检验　腼腆　天边　前言　天堑　浅显　电线

眼帘　田间　鲜艳　前线　连绵　变迁　偏见　连天　检点

简练　盐碱　前面　现钱　年限　免检　牵连　仙剑　绵延

四音节：

鞭长莫及　颠三倒四　见微知著　勉为其难　言不由衷

年年有余　前赴后继　天涯海角　闲情逸致　恬不知耻

连篇累牍　恋恋不舍　千载难逢　先睹为快　变幻莫测

[情景语句]

近几年，很多政府部门都不断推出便民措施，为老百姓服务，为老百姓提供方便。其实方便老百姓，也是方便政府自己，试想想老百姓生活和谐了，政府的工作压力不也就减轻了吗？

[绕口令练习]

天连水

天连水，水连天，水天无边波涟涟，蓝蓝的天似绿水，绿绿的水似蓝天，到底是天连水，还是水连天？

编小辫

新建和盼盼，一起编小辫。左编编右编编，编来编去编不成小辫。曼曼来教新建、盼盼学编辫，伸出两手左手编右半边、右手编左半边，左一编右一编，新建、盼盼都学会了编小辫。

[诗词练习]

少年行（其一）

〔唐〕王维

新丰美酒斗十千，咸阳游侠多少年。

相逢意气为君饮，系马高楼垂柳边。

左迁至蓝关示侄孙湘

〔唐〕韩愈

一封朝奏九重天，夕贬潮州路八千。

欲为圣明除弊事，肯将衰朽惜残年！

云横秦岭家何在？雪拥蓝关马不前。

知汝远来应有意，好收吾骨瘴江边。

uan[uan]

[发音要领]起点元音是后、高、圆唇元音 u[u]，舌位向前滑降到不圆唇的前、低元音 a[a]（前 a）开始升高，直到舌面前部与硬腭前部闭合形成-n 鼻音。唇形由圆变展（见图 4-30）。

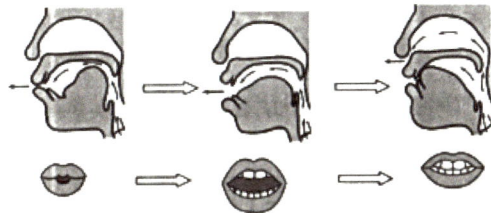

★ 视频

鼻韵母uan的发音要领

图 4-30　uan 发音示意图

［词语练习］

单音节：

段 幻 暖 专 观 款 环 赚 穿 栓 软 窜 团

钻 算 婉 酸 川 缓 罐 传 端 管 欢 湾 短

双音节：

宦官 专断 贯穿 软缎 酸软 换算 婉转 专款 缓缓

乱窜 万贯 款款 转换 传唤 弯管 软管 转弯 万端

四音节：

穿针引线 蹿房越脊 断章取义 贯斗双龙 焕然一新

欢天喜地 宽宏大量 万籁俱寂 专心致志 玩世不恭

钻木求火 川流不息 传世佳作 转灾为福 短中取长

［情景语句］

桥的两头都是黑白分明的江南建筑，半月状的石桥跨越两端，把两岸的美景融为一体。乌篷船常从桥下穿过去，河水缓缓地流过，船夫唱着水乡小调。人们从桥上鱼贯走过，算是完成了游览周庄的专业程序。

初夏的清晨，五点多钟，天已渐渐亮起来了。而这时，将我从睡梦中唤醒的，不是闹钟，而是窗外一群婉转轻啼的鸟儿。它们清脆的叫声传入我的耳朵，唤起我新的一天。

［绕口令练习］

管得宽与潘不管

一楼住着管得宽，二楼住着潘不管。潘不管乱倒垃圾一大片，还说弄脏楼道他不管。管得宽要管潘不管，潘不管不让管得宽管，管得宽说我非要管管潘不管。

算卦的和挂蒜的

街上有个算卦的，还有一个挂蒜的，算卦的算卦，挂蒜的卖蒜。算卦的叫挂蒜的算卦，挂蒜的叫算卦的买蒜，算卦的不买挂蒜的蒜，挂蒜的也不算算卦的卦。

［诗词练习］

从军行(其四)

〔唐〕王昌龄

青海长云暗雪山，孤城遥望玉门关。

黄沙百战穿金甲，不破楼兰终不还。

征人怨

〔唐〕柳中庸

岁岁金河复玉关，朝朝马策与刀环。

三春白雪归青冢，万里黄河绕黑山。

üan[yan]

［发音要领］起始元音为前、高、圆唇元音 ü[y]，向前、低元音 a[a]（前 a）的方向滑降，舌位降至前、半低元音 ê[ɛ]略后开始升高，直到舌面前部与硬腭前部闭合形成-n 鼻音。唇形由圆变展（见图 4-31）。

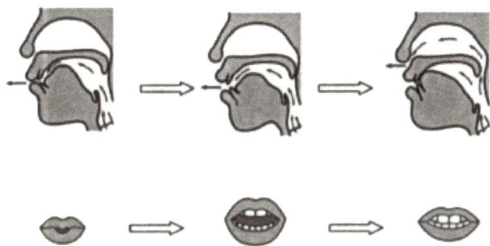

图 4-31　üan 发音示意图

[词语练习]

单音节：

泉　宣　园　鹃　劝　愿　眩　圈　拳　冤　旋　远　倦

犬　玄　怨　镌　绚　卷　悬　眷　炫　全　涓　选　蜷

双音节：

全员　涓涓　轩辕　全院　圆圈　源泉　媛媛

远远　全卷　圈选　全选　全权　渊源　拳拳

四音节：

涓涓细流　卷土重来　权衡利弊　喧宾夺主　源远流长

悬崖勒马　冤冤相报　缘木求鱼　犬牙交错　权宜之计

劝善戒恶　怨声载道　圆桌会议　绚丽多姿　倦鸟知还

[情景语句]

作为年度压轴的一档音乐歌唱类节目，在歌唱类节目几乎所有元素、技巧都被玩遍的背景下，号称原创模式的《全能星战》绚丽登场。8位实力唱将变身选手挑战包括戏曲在内的六大曲风，制作人专业点评各为其主，500位现场观众评审全权决定他们的去留，悬念丛生，首秀可圈可点。

中国赴亚丁湾索马里海域护航编队全体官兵在中国南海举行"走向大洋"宣誓仪式，向祖国和人民立下铮铮誓言，决心报效祖国，圆满完成护航任务。宣誓仪式结束后，全体官兵依次在写有"'走向大洋'宣誓仪式"的横幅上签字。

[绕口令练习]

画圆圈

圆圈圆，圈圆圈，圆圆娟娟画圆圈。娟娟画的圈连圈，圆圆画的圈套圈。娟娟圆圆比圆圈，看看谁的圆圈圆。

轩轩和泉泉

轩轩是话务员，泉泉是检验员。话务员的轩轩想做检验员，检验员的泉泉想做话务员。

[诗词练习]

赠秀才入军(其十四)

〔三国〕嵇康

息徒兰圃，秣马华山。

流磻平皋，垂纶长川。

目送归鸿，手挥五弦。

俯仰自得，游心太玄。

嘉彼钓叟，得鱼忘筌。

郢人逝矣，谁与尽言。

水调歌头·明月几时有

〔北宋〕苏轼

明月几时有？把酒问青天。不知天上宫阙，今夕是何年？我欲乘风归去，又恐琼楼玉宇，高处不胜寒。起舞弄清影，何似在人间？

转朱阁，低绮户，照无眠。不应有恨，何事长向别时圆？人有悲欢离合，月有阴晴圆缺，此事古难全。但愿人长久，千里共婵娟。

uen[uən]

[发音要领]起点元音是后、高、圆唇元音 u[u]，滑降至央元音 e[ə]的位置，然后舌位升高，直到舌面前部与硬腭前部闭合形成-n 鼻音。唇形由圆变展（见图4-32）。

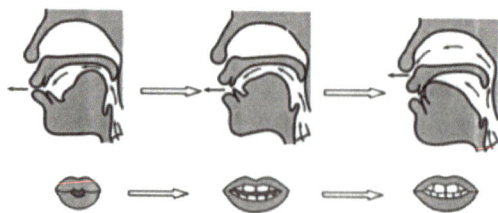

图4-32　uen发音示意图

[词语练习]

单音节：

困　敦　豚　轮　滚　坤　莘　淳　醇　瞬　问　捆

瘟　稳　笋　尊　润　顺　纯　准　魂　臀　存　春　村

双音节：

昆仑　谆谆　馄饨　温存　春笋　论文　温顺　伦敦　温润

混沌　困顿　春困　文论　雯雯　滚滚　孙文　稳稳　滚轮

四音节：

春风化雨　唇枪舌剑　棍棒相加　魂飞魄散　论功行赏

顺手牵羊　吞吞吐吐　问心无愧　尊师重道　闻鸡起舞

昆山之玉　困心衡虑　滚滚红尘　寸土必争　损人利己

[情景语句]

春节是我国的传统节日，它有着悠久的文化历史，到了这一天，一家人要在一起吃饭、贴春联、贴福字、放鞭炮等。

[绕口令练习]

馄饨和论文

温温包馄饨，文文写论文。温温放下手中的馄饨帮文文写论文，文文放下手中的论文帮温温包馄饨。

磙和棍

磙下压个棍，棍上压个磙。磙压棍滚，棍滚磙滚。

[诗词练习]

游山西村

〔南宋〕陆游

莫笑农家腊酒浑，丰年留客足鸡豚。

山重水复疑无路，柳暗花明又一村。

箫鼓追随春社近，衣冠简朴古风存。

从今若许闲乘月，拄杖无时夜叩门。

咏怀古迹（其三）

〔唐〕杜甫

群山万壑赴荆门，生长明妃尚有村。

一去紫台连朔漠，独留青冢向黄昏。

画图省识春风面，环珮空归夜月魂。

千载琵琶作胡语，分明怨恨曲中论。

（二）后鼻韵母

ang[aŋ]

[发音要领]起点元音是后、低、不圆唇元音 a[ɑ]（后 a），口大开，舌体后缩，舌尖离开下齿背，舌面后部抬起，贴近软腭时，软腭下降，舌面后部与软腭闭合，封闭口腔通路，气流从鼻腔里透出（见图 4-33）。

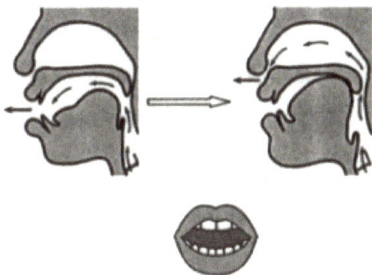

★ 视频

鼻韵母ang的发音要领

图 4-33　ang 发音示意图

[词语练习]

单音节：

棒　庞　莽　纺　荡　堂　囊　狼　刚　抗　杭　彰　行

厂　上　葬　藏　桑　昂　赏　昌　港　汤　胖　蟒　挡

双音节：

帮忙　账房　浪荡　沧桑　盲肠　刚刚　苍茫　当场　厂房

烫伤　行当　商场　螳螂　上当　钢厂　方丈　长方　党纲

常常　港商　朗朗　肮脏　廊坊　上场　盲杖　放荡　长廊

四音节：

膀大腰圆　沧海桑田　长驱直入　荡气回肠　昂首阔步

放浪形骸　刚愎自用　狼烟四起　掌上明珠　庞然大物

葬身火海　桑落瓦解　赏心悦目　堂堂正正　盲目自大

[情景语句]

"如果没有蒜泥，扇贝该会多伤心，它就再也不想让你吃了。"作家张嘉佳在新浪微博的一句幽默卖萌式调侃，引爆了网友们的有趣接龙，麻婆豆腐、泡椒凤爪、蚂蚁上树等经典名吃纷纷"躺枪"。

棒棒军是对重庆一个特定群体的称呼，指肩上扛着一米长的竹棒，棒子上系着两根青色的尼龙绳，沿街游荡揽活的人们。棒棒军是重庆街头的临时搬运工，也成为当地独有的文化符号。

[绕口令练习]

胖老王嫌脏老张

老张说老王胖，老王说老张脏。胖老王嫌脏老张脏，脏老张笑胖老王胖。

砸缸

小光和小刚，抬着水桶上岗。上山岗，歇歇凉，拿起竹竿玩打仗。乒乒乒，兵兵兵，打来打去砸了缸。小光怪小刚，小刚怪小光，小光小刚都怪竹竿和水缸。

[诗词练习]

咏怀(其十九)

〔三国〕阮籍

西方有佳人，皎若白日光。

被服纤罗衣，左右佩双璜。

修容耀姿美，顺风振微芳。

登高眺所思，举袂当朝阳。

寄颜云霄间，挥袖凌虚翔。

飘飘恍惚中，流眄顾我傍。

悦怿未交接，晤言用感伤。

秋浦歌(其十五)

〔唐〕李白

白发三千丈，缘愁似个长。

不知明镜里，何处得秋霜。

eng[əŋ]

[发音要领]起点元音是央元音 e[ə]，然后舌面后部抬起，贴近软腭时，软腭下降，舌面后部与软腭闭合，封闭口腔通路，气流从鼻腔里透出(见图4-34)。

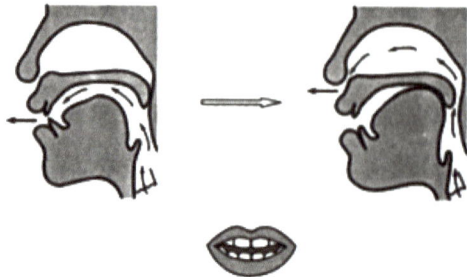

图 4-34 eng 发音示意图

[词语练习]

单音节：

丰 鹏 孟 枫 凳 藤 能 棱 绳 坑 衡 征 生
程 蒙 增 曾 僧 冷 哼 耿 剩 耕 愣 澎 等

双音节：

承蒙 整风 升腾 萌生 逞能 丰盛 登程 风筝 冷羹
更正 省城 乘风 征程 灯绳 生成 奉承 风能 砰砰
乘胜 冷风 生猛 风声 吭声 愣怔 冷锋 铮铮 风泵

四音节：

程门立雪 惩前毖后 等闲视之 风花雪月 鹏程万里
冷嘲热讽 梦寐以求 声泪俱下 争先恐后 铿锵有力
蹦蹦跳跳 腾云驾雾 能工巧匠 耿耿于怀 横行霸道

[情景语句]

沈从文把凤凰古城称为"边城"，正是这里，孕育了圣人如斯。沱江如练，在城墙之下轻流。这里也有百姓的篷船过往，但全然不会勾起一点江南的记忆，这里的山和水有更多自然和朴实的味道。你可以住在吊脚楼里，恒久地望着澄澈的江水发愣，一夜聆听沱江的低诉，在水声中入梦，直到第二天一早，少女浣衣的笑语把你从美梦中唤醒。

《不能承受的生命之轻》是米兰·昆德拉最负盛名的作品。该书本意是生命中有太多事，看似轻如鸿毛，却让人难以承受。米兰·昆德拉以一个哲人的睿智将人类的生存情景提升到形而上学的高度加以考虑、审查和描述，由此成功地把握了政治与性爱两个敏感领域，并初步形成了"幽默"与"复调"的小说风格。《纽约时报》曾评论该书是20世纪最重要的经典之作。

[绕口令练习]

老郑小郑放风筝

老郑放风筝在省城，小郑进省城买风筝，老郑看到小郑买风筝进省城，小郑看到老郑在省城放风筝，二人省城一起放风筝。

台灯和屏风

郑政捧着盏台灯，彭澎扛着架屏风，彭澎让郑政扛屏风，郑政让彭澎捧台灯。

[诗词练习]

春夜喜雨

〔唐〕杜甫

好雨知时节，当春乃发生。

随风潜入夜，润物细无声。

野径云俱黑，江船火独明。

晓看红湿处，花重锦官城。

从军行

〔唐〕杨炯

烽火照西京，心中自不平。

牙璋辞凤阙，铁骑绕龙城。

雪暗凋旗画，风多杂鼓声。

宁为百夫长，胜作一书生。

ing[iŋ]

[发音要领]起点元音是前、高、不圆唇元音 i[i]，发 i 时舌面前部隆起，然后舌体后移，舌尖离开下齿背，舌面后部抬起，贴近软腭时，软腭下降，舌面后部与软腭闭合，封闭口腔通路，气流从鼻腔里透出（见图4-35）。

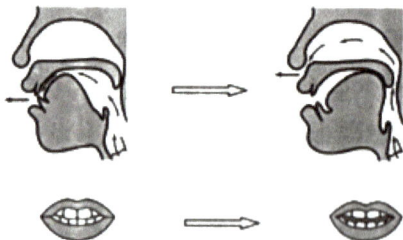

★ 视频

鼻韵母ing的发音要领

图 4-35 ing 发音示意图

[词语练习]

单音节：

冰 平 名 鼎 婷 凝 陵 景 清 星 赢 令 柄

颖 性 请 靖 零 柠 艇 丁 冥 凭 拧 鹰 硬

双音节：

秉性 叮咛 精灵 蜻蜓 瓶颈 伶仃 命令 清醒 英明

酩酊 影星 情景 姓名 评定 倾听 警醒 平行 请命

灵性 明镜 兵营 定性 秉性 轻盈 刑警 领情 另行

四音节：

兵不血刃 顶天立地 惊心动魄 玲珑剔透 平步青云

明察秋毫 晴天霹雳 铤而走险 营私舞弊 星驰电掣

宁缺毋滥 警钟长鸣 星罗棋布 行云流水 英雄儿女

[情景语句]

"摘下我的翅膀，送给你飞行"，在这个春天，孩子，请记住吧，多少人用生命做灯，把你们的眼睛照亮。灾难激发的人性的光辉、美德与担当，平添了我们战胜灾难的信心和勇气，让我们从倒塌的废墟中，领悟到大爱的光芒，获得了崛起的力量。

中国国家乒乓球男队主帅用八个字来总结国乒男队在北京奥运会上创造辉煌的原因，他将教练组的工作归结为"新、变、细、实，思想保证"，并强调中国国家乒乓球队应从"小"抓起，无论是乒坛明星还是乒坛新秀，都必须经得起细节的考验。

[绕口令练习]

天上七颗星

天上七颗星，地上七块冰，台上七盏灯，树上七只鹰，墙上七枚钉。吭唷吭唷拔脱七枚钉。喔嘘喔嘘赶走七只鹰。乒乒乓乓踏坏七块冰。一阵风来吹灭七盏灯。一片乌云遮掉七颗星。

京剧和警句

京剧叫京剧，警句叫警句。京剧不能叫警句，警句不能叫京剧。

[诗词练习]

临洞庭湖赠张丞相

〔唐〕孟浩然

八月湖水平，涵虚混太清。

气蒸云梦泽，波撼岳阳城。

欲济无舟楫，端居耻圣明。

坐观垂钓者，徒有羡鱼情。

过零丁洋

〔南宋〕文天祥

辛苦遭逢起一经，干戈寥落四周星。

山河破碎风飘絮，身世浮沉雨打萍。

惶恐滩头说惶恐，零丁洋里叹零丁。

人生自古谁无死？留取丹心照汗青。

ong[uŋ]

[发音要领]起点元音舌位比后、高、圆唇元音 u[u]略低，然后舌体后缩，舌尖离开下齿背，舌面后部隆起，贴近软腭时，软腭下降，舌面后部与软腭闭合，封闭口腔通路，气流从鼻腔里透出。唇形始终拢圆（见图 4-36）。

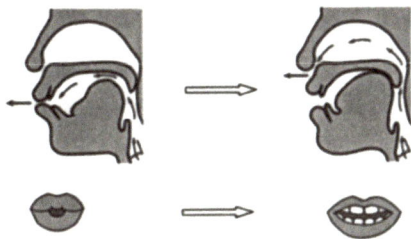

视频

鼻韵母ong的发音要领

图 4-36　ong 发音示意图

[词语练习]

单音节：

董　桶　弄　隆　龚　恐　虹　终　崇　融　综　聪　通

丛　嵩　匆　茸　荣　冲　仲　弘　鸿　孔　恭　栋　农

双音节：

共同　脓肿　恐龙　瞳孔　空中　轰动　通融　空洞　红铜

隆冬　洪钟　隆重　笼统　龙宫　共荣　冲动　从容　工农

肿痛　充公　动容　童工　溶洞　动工　中共　洞中　红松

四音节：

宠辱不惊　　从容不迫　　动荡不安　　功亏一篑　　鸿篇巨制

耸人听闻　　痛不欲生　　中规中矩　　通情达理　　忠于职守

总结发言　　弄巧成拙　　龙腾虎跃　　孔孟之道　　众口一词

[情景语句]

《恐龙特急克塞号》是20世纪80年代在中国热播的一部真人动画片。片中神奇的时空穿越、7千万年前的恐龙时代、面目狰狞的侵略者、骁勇善战的时代战士等元素，受到小观众们的一致好评。

[绕口令练习]

栽葱和栽松

冲冲栽了十畦葱，松松栽了十棵松。冲冲说栽松不如栽葱，松松说栽葱不如栽松。是栽松不如栽葱，还是栽葱不如栽松？

公公和冬冬

楼上住个老公公，楼下住个小冬冬。小冬冬认字问公公，老公公走路扶冬冬，冬冬说楼上有个好公公，公公说楼下有个乖冬冬。

[诗词练习]

鸟鸣涧

〔唐〕王维

人闲桂花落，夜静春山空。

月出惊山鸟，时鸣春涧中。

暮江吟

〔唐〕白居易

一道残阳铺水中，半江瑟瑟半江红。

可怜九月初三夜，露似真珠月似弓。

iong[yŋ]

[发音要领]起点元音由于受到圆唇元音的影响，实际发音中 i 带有圆唇色彩，与 ü[y]开头相似，然后舌位向后滑，在后滑过程中有一个接近于 u[u]的过渡音，因此音标也可以写成[yuŋ]，形成后鼻音的过程同 ong（见图 4-37）。

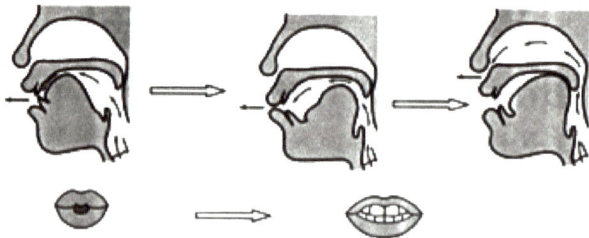

图 4-37　iong 发音示意图

[词语练习]

单音节：

囧　琼　雄　庸　胸　咏　泂　熊　凶　永　用

双音节：

炯炯　汹涌　熊熊　汹汹　茕茕　穷凶

凶猛　雄姿　琼脂　窘境　勇士　永存

四音节：

炯炯有神　迥然不同　穷兵黩武　凶相毕露　胸有成竹

熊熊烈火　雄才大略　臃肿不堪　永生永世　穷形尽相

茕茕孑立　用舍行藏　雄心勃勃　穷奢极欲　庸人自扰

[情景语句]

大熊猫体型肥硕似熊，体态略显臃肿，头圆尾短，眼睛炯炯有神，惹人喜爱。一般雄性个体稍大于雌性。

"囧"，本义为"光明"，从 2008 年开始，"囧"在中文地区的网络社群间成为一种流行的表情符号，它被赋予"郁闷、悲伤、无奈"之意。"囧"被形容为"21 世纪最风行的单个汉字"之一。随着《人在囧途》《泰囧》等一系列伴随无穷笑料的电影热映，"囧""炅"等网络热字汹涌而来。

[绕口令练习]

学游泳

小涌勇敢学游泳，勇敢游泳是英雄。英雄游泳都勇敢，学好游泳当英雄。

[诗词练习]

龟虽寿

〔东汉〕曹操

神龟虽寿，犹有竟时。

腾蛇乘雾，终为土灰。

老骥伏枥，志在千里。

烈士暮年，壮心不已。

盈缩之期，不但在天。

养怡之福，可得永年。

幸甚至哉，歌以咏志。

瑞鹤仙·悄郊原带郭

〔北宋〕周邦彦

悄郊原带郭，行路永，客去车尘漠漠。斜阳映山落，敛馀红、犹恋孤城阑角。凌波步弱，过短亭、何用素约。有流莺劝我，重解绣鞍，缓引春酌。

不记归时早暮，上马谁扶，醒眠朱阁。惊飙动幕，扶残醉，绕红药。叹西园，已是花深无地，东风何事又恶？任流光过却，犹喜洞天自乐。

iang[iaŋ]

[发音要领]起点元音是前、高、不圆唇元音 i[i]，舌位向后滑降到后、低元音 a[ɑ]（后 a），然后舌位升高，形成后鼻音的过程同 ang（见图 4-38）。

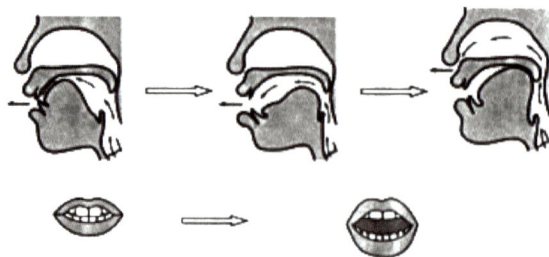

视频

鼻韵母iang的发音要领

图4-38 iang发音示意图

[词语练习]

单音节：

酿 梁 靓 降 强 翔 湘 阳 样 想

将 晾 娘 姜 项 仰 乡 辆 僵 腔

双音节：

粮饷 洋姜 想象 香江 踉跄 向阳 响亮 痒痒 两江

相向 两样 洋相 亮相 奖项 襄阳 锵锵 强将 酱香

四音节：

江郎才尽 匠心独运 良莠不齐 量力而行 降妖除魔

枪林弹雨 强弩之末 响彻云霄 扬扬得意 想入非非

将门之后 详略得当 阳春白雪 相形见绌 将计就计

[情景语句]

江南的水乡，自然都以水为灵魂，而水上的桥梁，也常常因为人们爱水而扬名。周庄著名的"双桥"其实是一座桥。因为石桥美丽的倒影在河水中像是两座桥，因而被命名为"双桥"。

杨强说，将来一定要考上大学，等他挣了钱，就不再让爸爸妈妈过现在这样的苦日子。他的老乡早早就让自家孩子辍学跟大人一起收废品了。可杨强的爸爸一直努力地工作以养活一家老小，供杨强读书。

[绕口令练习]

梁家和蒋家

梁家养了一群羊，蒋家竖起一面墙，梁家的羊撞倒了蒋家的墙，蒋家的墙压伤了梁家的羊，梁家让蒋家赔羊，蒋家让梁家垛墙。

王铁匠和李铁匠脾气犟

王铁匠，李铁匠，王铁匠脾气犟，李铁匠比王铁匠脾气更犟。他俩树下把棋下，王铁匠将李铁匠，李铁匠将王铁匠，将来将去直呛呛，也说不清是王铁匠犟还是李铁匠犟，反正一个倒比一个犟。

[诗词练习]

少年行(其二)

〔唐〕王维

出身仕汉羽林郎，初随骠骑战渔阳。

孰知不向边庭苦，纵死犹闻侠骨香。

闻官军收河南河北

〔唐〕杜甫

剑外忽传收蓟北，初闻涕泪满衣裳。

却看妻子愁何在，漫卷诗书喜欲狂。

白日放歌须纵酒，青春作伴好还乡。

即从巴峡穿巫峡，便下襄阳向洛阳。

uang[uaŋ]

[发音要领]起点元音是后、高、圆唇元音 u[u]，然后舌位滑降至后、低元音 a[ɑ]（后 a）再升高，形成后鼻音的过程同 ang。唇形开始为圆唇，在向元音 a 的滑动中渐变为展唇（见图 4-39）。

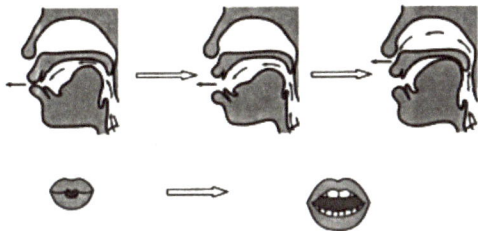

★ 视频

鼻韵母uang的发音要领

图 4-39　uang 发音示意图

[词语练习]

单音节：

光　旷　晃　撞　闯　妄　望　爽　窗　妆　霜　汪　黄

煌　况　广　王　匡　创　旺　狂　慌　逛　床　网　谎

双音节：

狂妄　双簧　汪汪　窗框　网状　装潢

状况　往往　闯王　矿床　黄庄　双亡

四音节：

疮痍满目　光怪陆离　荒诞不经　黄道吉日　旷世奇才

双料冠军　枉费心机　望洋兴叹　装腔作势　狂风暴雨

爽然若失　闯荡江湖　壮志未酬　亡羊补牢　广开言路

[情景语句]

澳大利亚地广人稀，矿产资源很丰富。矿产资源往往与当地的地质构造、地质环境有关。澳大利亚地质结构长期稳定，地层古老，数亿年来没有强烈的地质运动，利于矿物的长期积聚、富集。

[绕口令练习]

王庄和匡庄

王庄卖筐，匡庄卖网，王庄卖筐不卖网，匡庄卖网不卖筐，你要买筐别去匡庄去王庄，你要买网别去王庄去匡庄。

船和床

那边划来一艘船，这边漂去一张床，船床河中互相撞，不知船撞床，还是床撞船。

[诗词练习]

静夜思

〔唐〕李白

床前明月光，疑是地上霜。

举头望明月，低头思故乡。

闻乐天授江州司马

〔唐〕元稹

残灯无焰影幢幢，此夕闻君谪九江。

垂死病中惊坐起，暗风吹雨入寒窗。

ueng[uəŋ]

[发音要领]起点元音为后、高、圆唇元音 u[u]，舌位滑降到央元音 e[ə]位置，然后舌位升高，接下来形成后鼻音的过程同 eng。唇形开始为圆唇，在向 e 滑动的过程中渐变为展唇（见图 4-40）。

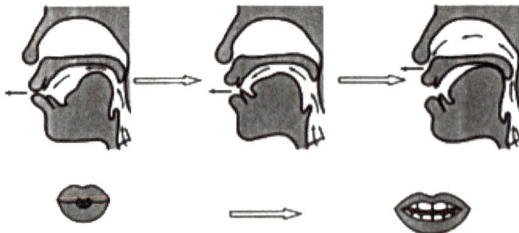

★ 视频

鼻韵母ueng的发音要领

图 4-40　ueng 发音示意图

[词语练习]

单音节：

翁　嗡　瓮　嵡　塕　蕹

双音节：

翁仲　瓮城　蓊郁　蕹菜　渔翁　老翁　嗡嗡　水瓮

四音节：

嗡嗡作响　瓮声瓮气　瓮中捉鳖

[情景语句]

清代翁姓的名人有翁方纲、翁同龢、翁方纳、翁春等，其中翁同龢先后担任同治、光绪两代帝师，并因其名字在电视剧中经常出现而被现代人熟知。

[绕口令练习]

老翁和小翁

老翁进城买了瓮，碰上放蜂的小翁，小翁撞破老翁的瓮，赶紧买瓮赔老翁。

[诗词练习]

书怀

〔唐〕张籍

自小信成疏懒性，人间事事总无功。

别从仙客求方法，时到僧家问苦空。

老大登朝如梦里，贫穷作活似村中。

未能即便休官去，惭愧南山采药翁。

示儿

〔南宋〕陆游

死去元知万事空，但悲不见九州同。

王师北定中原日，家祭无忘告乃翁。

第三节　韵母难点音对比训练

一、宽韵母与窄韵母

（一）ai—ei

［两词对比］

来电—雷电　安排—安培　埋头—眉头　摆布—北部

［词内对比］

白匪　败类　栽培　暧昧　太妃　牌类　海内　代培

悲哀　北海　内宅　胚胎　背带　黑白　佩戴　擂台

（二）ao—ou

［两词对比］

考试—口试　号手—后手　茂盛—谋生　口号—口授

［词内对比］

高楼　扫帚　稿酬　操守　矛头　套购　招收　报仇

口罩　手铐　柔道　构造　头脑　偷盗　投靠　逗号

（三）ia—ie

［两词对比］

出嫁—出借　红霞—红鞋　大牙—大爷　鸭子—叶子

［词内对比］

嫁接　夏夜　假借　押解　家业　下跌　虾蟹　下野

解压　叠加　腋下　铁甲　接洽　液压　结痂　铁架

（四）ua—uo

［两词对比］

滑动—活动　画架—货架　夸大—扩大　进化—进货

［词内对比］

瓜果　花朵　跨国　划过　滑脱　华佗　话说　花果

火花　多寡　活话　火化　说话　国花　活化　国画

（五）iao—iou

[两词对比]

铁桥—铁球　　生效—生锈　　花椒—花球　　求教—求救

[词内对比]

表舅　漂流　料酒　要求　娇羞　调酒　交友　票友

牛角　幼苗　幼小　邮票　柳条　留校　校友　遛鸟

（六）uai—uei

[两词对比]

外来—未来　　怀想—回想　　怪人—贵人　　拐子—鬼子

[词内对比]

怪罪　快嘴　衰颓　外汇　怪味　快慰　外围　衰微

对外　追怀　鬼怪　毁坏　最坏　嘴快　诡怪　嘴乖

▼ 二、前鼻音与后鼻音

（一）an—ang

[两词对比]

反问—访问　　弹词—搪瓷　　烂漫—浪漫　　寒天—航天

[词内对比]

半张　难防　反抗　肝脏　擅长　安康　担当　满场

长叹　账单　商贩　方案　港版　傍晚　当然　上班

（二）en—eng

[两词对比]

陈旧—成就　　人身—人生　　粉刺—讽刺　　木盆—木棚

[词内对比]

本能　神圣　门生　纷争　深层　真诚　奔腾　分封

成分　城镇　生辰　缝纫　称臣　登门　憎恨　生根

（三）in—ing

[两词对比]

亲生—轻生　　金文—经文　　贫民—平民　　银屏—荧屏

[词内对比]

心境　聘请　新颖　民警　金鹰　隐形　品评　民情

应聘　青筋　迎亲　平信　倾心　停薪　精进　省亲

（四）ian—iang

[两词对比]

老年—老娘　　大连—大梁　　兼职—僵直　　浅显—抢险

[词内对比]

前墙　钱江　边疆　贤良　坚强　演讲　牵强　联想

相片　乡间　镶嵌　抢险　象限　强健　抢钱　量变

(五)uan—uang

[两词对比]

专车—装车　晚年—往年　关节—光洁　新欢—心慌

[词内对比]

观光　宽广　换装　船王　管状　关窗　罐装　观望

匡算　网管　皇冠　慌乱　壮观　往还　端庄　闯关

(六)uen—ueng(ong)

[两词对比]

存钱—从前　吞并—通病　轮子—聋子　余温—渔翁

[词内对比]

昆虫　纯种　遵从　滚筒　稳重　蠢动　轮空　尊崇

重温　仲春　公论　重婚　红润　通顺　中文　农村

(七)ün—iong

[两词对比]

军前—胸前　群起—雄起　训词—用词　菌种—臃肿

[词内对比]

运用　群雄　云涌　军用　拥军

✏️ 知识巩固

　　韵母包括韵头、韵腹及韵尾 3 个部分，根据韵母的结构，分为单元音韵母、复元音韵母及鼻韵母 3 大类。单元音韵母发音应注意舌位的准确稳定，复元音韵母发音应注意舌的滑动路径，鼻韵母发音应注意气流进入鼻腔，适度鼻化。

　　韵母的练习主要从把握唇形、舌位、舌位动程及口腔开口度等切入。根据发音要领反复比对唇形的圆展、舌位的高低前后、音素的过渡及口腔的开合，以达到发音的准确集中、圆润动听。

　　注意对"四呼"的掌握。"四呼"是按照实际发音的唇形对韵母划分的类别，对发音有重要的指导作用。它不但有助于人们认识普通话和方言的差异，而且对于调整人们语音发力的位置和解决部分嗓音问题具有重要意义。开口呼韵母发音用力于喉，齐齿呼韵母发音用力于齿，合口呼韵母发音用力于满口，撮口呼韵母发音用力于唇。在掌握发音的基础上注意唇形的美感，避免唇部开合过大、动作夸张。

✏️ 复习与思考

1. 韵母的定义是什么？韵母包括哪几个部分？

2. 韵母发音的特点是什么？

3. 韵母可以如何分类？

4. 为什么有些人前后鼻音不分？

思政园地 ★

第一代女播音员：葛兰

从中央人民广播电台(现与中央电视台、中国国际广播电台组成中央广播电视总台)的第一次播音开始，《小喇叭》《记录新闻》《新闻和报纸摘要》……葛兰的声音陪伴无数听众度过了学习普通话、了解世界的岁月，而她的人生也和普通话结下了不解之缘。

作为不少50后、60后以及70后的童年回忆，《小喇叭》里的康瑛、孙敬修等前辈都曾给大家带来无数珍贵的播报，而这支备受小朋友喜爱的播音队伍里，也有葛兰的身影。

葛兰，原名王静蓉，当年她的第一志愿并不是播音员。1950年，17岁的她从师范学校毕业，被分配到北京东城区的一所小学教书。当她决心好好教书育人时，一次意外的摔伤，让她再也无法书写板书。于是，她被迫告别了教育园地。

一次偶然，她看见《人民日报》上中央人民广播电台的招聘信息，从此"阴差阳错"踏上了播音之路。1951年7月，18岁的葛兰走上播音岗位，成为新中国第一代播音员。她嗓音洪亮、吐字清晰，基本功训练一刻不忘。尽管年龄在同班最小，但在播音部前辈们的帮助下，葛兰进步很快，不久就担任了《记录新闻》的播音员。

当时，《记录新闻》在中央人民广播电台的分量很重。每天上午4个小时，晚上6个小时，人们需要通过《记录新闻》了解祖国各地的重要消息，就连报馆里的抄收员们都需要听着《记录新闻》连夜抄写，才能赶上第二天的印刷出版。这对播音员们提出了极高的要求，除了语速要缓慢、吐字要清晰以外，遇到易混淆或生僻的字句时，播音员还要进行额外解释。

经过培训，掌握好速度和播音方法之后，葛兰就坐在了话筒前，党的方针政策、祖国的建设情况……随着葛兰高亢嘹亮的声音传遍了神州大地。年轻的葛兰想法很简单，她说当时自己只有一个念头：千万别出错，别给抄收员带来麻烦。

播音对于她而言，早已不再是事业那么简单。热忱与专注，让葛兰的专业能力进步飞速。

1956年，23岁的葛兰成为《新闻和报纸摘要》的播音员，她在这个岗位上一直干到退休，期间还参与了《小喇叭》等少儿节目的播音，在不同种类的广播节目中留下了精彩的播报，成为广播领域里旗帜一样的模范。

1955年，普通话正式作为国家通用语言被写入宪法，并于1956年向全国推广。这使葛兰和她的同事们在播报时有了更艰巨的任务：推广普通话。在全国兴起学普通话风潮时，大家都以中央人民广播电台的播音为蓝本。为了保证播音不出错，葛兰开始了刻苦的钻研，她说："播报时，每一个字都要认得出，认不出来就要查字典，准备好的内容必须精准确认，一丝一毫的没谱都不可以。"

葛兰坦承，当年的刻苦不只是因为自我要求高，大众的期待也让他们不得不认真努力，有些时候并不只是读音的问题，仅仅是播报时打了个结巴，葛兰都会难过得吃不下饭。这份责任和担当，也敦促着葛兰持续高要求、高标准地磨炼自己。

在纪录片《中国话》里，葛兰的声音依然有着当年的质感，但葛兰说，她的好嗓子不是养出来的，而是练出来的。为了能让自己的声音保持得更久，葛兰很注意发音吐字基本功的训练，她曾为了吐字更清楚而拜中央人民广播电台说唱音乐团(现中国广播艺术团说唱团)的白凤岩老先生为师，学唱的单弦《昆仑草原过红军》至今依然拿手。高度的责任感和敬业精神，让葛兰一直保持着学习的热情。勤查、勤问、勤记、勤背，是她学习上的座右铭，即使退休后，她依然保持着良好的学习习惯，孤灯一盏、书报一堆，已成为她夜间生活的写照。对于葛兰而言，过硬的播音技术只是基础，通过她的声音让听众感受到情感的真实和人心的感动才是葛兰最珍贵的回忆。

19世纪80年代，各地广播事业逐步恢复，播音人才紧缺，播音员的培养迫在眉睫。1985年开始，经过中央人民广播电台的批准，葛兰开始负责组织培训班，担任教学和辅导工作。她培养的很多学员都成为各地方台的骨干，这也让葛兰格外有成就感，她希望在教学领域进一步发光发热。

1999年，从播音岗位正式退休后，葛兰应母校中华女子学院邀请，开办了播音主持专业，身处一线教学，她将自己近50年的播音主持经验毫无保留地传递给下一代。在播音主持专业的教学中，葛兰一直坚持，播音员不能只是单纯播报，学识、文史哲方面的学习都不能放松，她还在学院开创了"博雅课程"，带着学生们诵读古典诗词，传承传统文化。

葛兰说："能够为普通话和播音事业奉献一生，我真的很满足。"

(资料来源：搜狐网，2023年1月25日，有改动)

讨论：

1. 从材料中，你学到了什么？

2. 是一种什么样的精神，使葛兰能够为普通话和播音事业奉献一生？

第五章

声调训练

本章导读

　　声调又称字调,是音节中具有区别意义和作用的音高变化。声调中的音高是指相对音高。汉语的声调可以用调值来描写。调值是指音节高低、升降、曲直、长短的变化形式,也就是声调的实际读法。调值一般用五度标记法表示。调类是声调的种类,也就是把调值相同的字归纳在一起所建立的种类。有几种基本调值,就有几种调类。普通话分为阴平、阳平、上声、去声4个调类,统称为四声。

学习目标

　　1. 了解声调的基本知识。
　　2. 掌握声调的发音。
　　3. 掌握声调的辨正。
　　4. 进行声调训练。

第一节　声调概述

一、声调

　　声调又称字调，是音节中具有区别意义和作用的音高变化。音高有两种，即绝对音高和相对音高。绝对音高是指没有区别意义和作用的音高，也就是发音学上讲的音高。例如，"肉"，用低音五度读它和用高音五度读它意义都不会发生变化。相对音高是指具有区别意义和作用的音高。例如，"妈""麻""马""骂"，声母、韵母都相同，在绝对音高相同的条件下，人们还是能够明显感觉到它们的音高变化，这种音高变化造成了意义的差异。声调中的音高是指相对音高。

二、调值

　　汉语的声调可以用调值来描写。调值是音节高低、升降、曲直、长短的变化形式，也就是声调的实际读法。调值一般用五度标记法表示。

　　五度标记法是指用五度竖线标记相对音高的一种方法。具体方法是，把一条竖线分成四段五度，表示声调的相对音高。普通话 4 个声调的调值为：阴平(55)，阳平(35)，上声(214)，去声(51)。普通话四声五度标记，如图 5-1 所示。

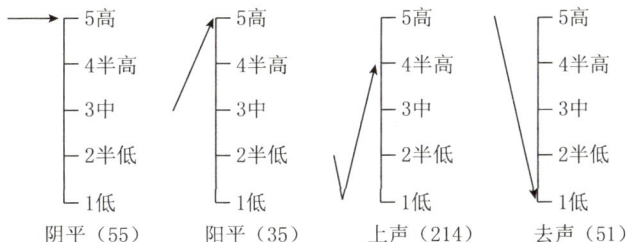

图 5-1　普通话四声五度标记图

> **知识延伸**
>
> 　　需要说明的是，五度标记法中如 1、2、3、4、5 与乐谱中的 1、2、3、4、5 性质不同，五度标记法中的 1、2、3、4、5 表示的是相对音高，乐谱中的 1、2、3、4、5 表示的是绝对音高。

三、调类

　　调类是声调的种类，也就是把调值相同的字归纳在一起所建立的种类。有几种基本调值，就有几种调类。普通话分为阴平、阳平、上声、去声 4 个调类，统称为四声。汉语方言中，调类最少的有 3 个，如河北滦县方言；最多的有 10 个，如广西博白方言。

　　古汉语有 4 个调类，即平声、上声、去声、入声。普通话和各方言的调类都是从古汉语调类演化而来的，各方言演化到现在结果不尽相同，如广州话有 9 类声调，客家话有 6 类声调。古今声调的调值，特别是各方言的调值差异较大。调类相同，调值不一定相同。例如"方"，普通话和各方言的调类都是阴平，普通话调值是 55，而山东济南话的调值是 213，浙江绍兴话的调值是 41。所以，不能认为调类相同，调值就一定相同。

▼ 四、调号

调号是表示声调的符号。普通话的调号是把五度标记法中的竖线去掉，将表示相对音高的起止变化动向的线条规范化后形成的，普通话的调号为：阴平(ˉ)、阳平(ˊ)、上声(ˇ)、去声(ˋ)。《汉语拼音方案》标调法规定：普通话的调号可以标写在韵腹头上；不能标写在韵腹头上的 ui、iu，可以标写在末尾的音素头上；un 则可以标写在 u 头上。可见，不管是哪种情况都要标写在音素头上。

第二节　声调发音

▼ 一、声调的发音特点

普通话的声调发音有鲜明的特点，阴平、阳平、上声和去声调形区别明显，分别为：一平、二升、三曲、四降。

从发音时间长短看，上声发音持续的时间最长，其次是阳平，去声发音持续的时间最短，其次是阴平。

▼ 二、声调发音

(一)阴平

阴平又称高平调，俗称一声，调值是 55，也称 55 调。发音时，调值从 5 度到 5 度，声音比较高，基本上没有升降的变化。例如：

巴 bā	坡 pō	芳 fāng	滩 tān
低微 dīwēi	吃亏 chīkuī	交叉 jiāochā	嚣张 xiāozhāng
供需 gōngxū	摔跤 shuāijiāo	军官 jūnguān	拖车 tuōchē
宣称 xuānchēng	专车 zhuānchē	公关 gōngguān	新居 xīnjū
诗篇 shīpiān	高深 gāoshēn	开刀 kāidāo	扎根 zhāgēn

(二)阳平

阳平又称高升调，俗称二声，调值是 35，也称 35 调。发音时，调值从 3 度升到 5 度，有较大的升幅变化。例如：

萌 méng	龙 lóng	痕 hén	墙 qiáng
闸门 zhámén	航程 hángchéng	神灵 shénlíng	尤为 yóuwéi
顽强 wánqiáng	抉择 juézé	黄连 huánglián	从而 cóng'ér
杂文 záwén	合营 héyíng	提名 tímíng	闲暇 xiánxiá
停泊 tíngbó	怀疑 huáiyí	循环 xúnhuán	随同 suítóng

(三)上声

上声又称降升调，俗称三声，调值是 214，也称 214 调。发音时，调值从 2 度降到 1 度，再从 1 度升到 4 度，有明显的降升特点。例如：

党 dǎng	展 zhǎn	简 jiǎn	款 kuǎn
法典 fǎdiǎn	好转 hǎozhuǎn	领主 lǐngzhǔ	打赏 dǎshǎng
旅馆 lǚguǎn	口语 kǒuyǔ	勉强 miǎnqiǎng	奶粉 nǎifěn
靶场 bǎchǎng	笔法 bǐfǎ	首尾 shǒuwěi	许可 xǔkě
水井 shuǐjǐng	有理 yǒulǐ	指导 zhǐdǎo	买主 mǎizhǔ

(四)去声

去声又称全降调，俗称四声，调值是 51，也称 51 调。发音时，调值从 5 度降到 1 度，有较大的降幅变化。例如：

去 qù	树 shù	下 xià	座 zuò
正派 zhèngpài	变动 biàndòng	械斗 xièdòu	救济 jiùjì
树立 shùlì	剧烈 jùliè	势必 shìbì	驾驭 jiàyù
那样 nàyàng	看病 kànbìng	侧重 cèzhòng	地貌 dìmào
次序 cìxù	变化 biànhuà	镜框 jìngkuàng	跨越 kuàyuè

▼ 三、声调辨正

(一)阴平、阳平、上声、去声

对方言区的人而言，发四声时的问题主要有：第一，阴平相对音高不够高；第二，阳平上升的高度不够；第三，上声降升不明显；第四，去声降幅不够大。相对而言，普通话四声中去声容易发好，其次是阴平、阳平，上声不太容易发好。对发不好的声调可以利用其他声调来辅助发音，如以去声发阳平，以去声发上声，以阳平发阴平等(参见后面的训练部分)。

(二)入声

入声是古汉语的一种调类，在普通话中虽然已经消失，但在很多方言中还存在。因此了解入声字的分归情况，有利于更好地学习普通话。普通话的入声字分归阴平、阳平、上声、去声四声，成都话则全部归为阳平；有的方言还存在入声，如南京话保留了 1 个入声，广州话则保留了 3 个入声等。有入声的方言区的人要将入声改读为与普通话相应的声调。

💼 知识延伸

　　有入声的方言区的人只要掌握好入声短促的发音特点，就能够识别出哪些字是入声字，没有入声的方言区的人则需要识记哪些字是入声字。据统计，入声字归读普通话去声的约占 40%，归读阳平的约占 31%，归读阴平的约占 21%，归读上声的约占 8%。另外，跟 l、m、n、c、s、ch、r、k、q 声母相拼的入声字以及 e、i、u、ü、iao、ie、ua、uo、üe 等自成音节的入声字基本上读去声；跟 f、d、z、zh、j、h 相拼的 ü 声字绝大多数归入阳平。

第三节 声调训练的内容

一、单音节字词训练

(一)不同声调训练

刀 dāo	义 yì	毛 máo	写 xiě	叫 jiào
用 yòng	印 yìn	多 duō	汤 tāng	西 xī
负 fù	阳 yáng	坏 huài	肝 gān	花 huā
芽 yá	怪 guài	抽 chōu	服 fú	泡 pào
环 huán	软 ruǎn	亮 liàng	城 chéng	战 zhàn
派 pài	种 zhǒng	药 yào	重 zhòng	调 tiáo
饿 è	绿 lǜ	强 qiǎng	曾 zēng	集 jí
摸 mō	数 shǔ	路 lù	雾 wù	碱 jiǎn
舞 wǔ	躺 tǎng	丸 wán	予 yú	币 bì
爪 zhuǎ	瓦 wǎ	巨 jù	亚 yà	兴 xīng
医 yī	卤 lǔ	否 fǒu	吮 shǔn	坎 kǎn
抠 kōu	沈 shěn	违 wéi	闷 mēn	麦 mài
刹 chà	卒 zú	规 guī	垦 kěn	奎 kuí
威 wēi	拼 pīn	挥 huī	栏 lán	郡 jùn
恋 liàn	租 zū	耿 gěng	脏 zāng	酌 zhuó
勒 lēi	曼 màn	渠 qú	窑 yáo	躯 qū
酚 fēn	凿 záo	堰 yàn	惹 rě	揽 lǎn
暂 zàn	禽 qín	翘 qiào	街 jiē	赏 shǎng
煎 jiān	筹 chóu	漂 piǎo	瘟 wēn	膈 gé
碾 niǎn	篓 lǒu	霉 méi	臀 tún	鬃 zōng

(二)上声训练

显 xiǎn	柄 bǐng	柏 bǎi	柬 jiǎn	柳 liǔ
洒 sǎ	狠 hěn	眨 zhǎ	矩 jǔ	砍 kǎn
祖 zǔ	禹 yǔ	籽 zǐ	绑 bǎng	绞 jiǎo
统 tǒng	耍 shuǎ	胆 dǎn	尺 chǐ	引 yǐn
手 shǒu	斗 dǒu	比 bǐ	水 shuǐ	火 huǒ
长 zhǎng	且 qiě	主 zhǔ	令 lǐng	以 yǐ
北 běi	古 gǔ	只 zhǐ	可 kě	史 shǐ
处 chǔ	左 zuǒ	打 dǎ	本 běn	母 mǔ
底 dǐ	往 wǎng	所 suǒ	抹 mǒ	板 bǎn

果 guǒ   浅 qiǎn   狗 gǒu   组 zǔ   者 zhě
虎 hǔ   表 biǎo   转 zhuǎn   采 cǎi   雨 yǔ
顶 dǐng   举 jǔ   保 bǎo   养 yǎng   咬 yǎo
品 pǐn   响 xiǎng   哪 nǎ   很 hěn   总 zǒng
指 zhǐ   挑 tiǎo   挤 jǐ   挺 tǐng   某 mǒu
洗 xǐ   点 diǎn   省 shěng   省 xǐng   种 zhǒng
秒 miǎo   草 cǎo   语 yǔ   选 xuǎn   首 shǒu
鬼 guǐ   倒 dǎo   党 dǎng   准 zhǔn   晚 wǎn
氧 yǎng   海 hǎi   笔 bǐ   粉 fěn   紧 jǐn
脑 nǎo   请 qǐng   赶 gǎn   起 qǐ   酒 jiǔ
铁 tiě   假 jiǎ   得 děi   敢 gǎn   猛 měng

二、双音节词语训练

法师 fǎshī   从小 cóngxiǎo   假如 jiǎrú   风趣 fēngqù
腹腔 fùqiāng   更换 gēnghuàn   勾引 gōuyǐn   国难 guónàn
黑板 hēibǎn   换取 huànqǔ   浓度 nóngdù   雌蕊 círuǐ
膨胀 péngzhàng   当即 dāngjí   强调 qiángdiào   靠山 kàoshān
杀害 shāhài   劲旅 jìnglǚ   声调 shēngdiào   绝缘 juéyuán
输送 shūsòng   苦战 kǔzhàn   老式 lǎoshì   脸红 liǎnhóng
逃亡 táowáng   忙乱 mángluàn   新颖 xīnyǐng   血泊 xuèpō
依然 yīrán   盈利 yínglì   平稳 píngwěn   起哄 qǐhòng
正规 zhèngguī   斜面 xiémiàn   尊严 zūnyán   中外 zhōngwài
生计 shēngjì   失守 shīshǒu   药品 yàopǐn   斯文 sīwén
有趣 yǒuqù   投影 tóuyǐng   温饱 wēnbǎo   先导 xiāndǎo
信托 xìntuō   行径 xíngjìng   脂粉 zhīfěn   青铜 qīngtóng
油脂 yóuzhī   原著 yuánzhù

三、声调辨正训练

出名 chūmíng   熏陶 xūntáo   居然 jūrán   归侨 guīqiáo
花圃 huāpǔ   缺点 quēdiǎn   脱口 tuōkǒu   推倒 tuīdǎo
方式 fāngshì   商议 shāngyì   批量 pīliàng   亲昵 qīnnì
援兵 yuánbīng   同乡 tóngxiāng   前锋 qiánfēng   逃荒 táohuāng
白薯 báishǔ   核准 hézhǔn   条理 tiáolǐ   巡警 xúnjǐng
答案 dá'àn   陈述 chénshù   直径 zhíjìng   求证 qiúzhèng
打开 dǎkāi   恐慌 kǒnghuāng   女方 nǚfāng   顶峰 dǐngfēng
远航 yuǎnháng   表情 biǎoqíng   耳鸣 ěrmíng   海拔 hǎibá
改造 gǎizào   沼气 zhǎoqì   体味 tǐwèi   手臂 shǒubì
半空 bànkōng   递增 dìzēng   并肩 bìngjiān   最初 zuìchū

鉴别 jiànbié　　　故国 gùguó　　　血红 xuèhóng　　　拒绝 jùjué

运转 yùnzhuǎn　　固体 gùtǐ　　　　变种 biànzhǒng　　费解 fèijiě

四、四字词语训练

鞠躬尽瘁 jūgōng-jìncuì　　　　　根深蒂固 gēnshēn-dìgù

司空见惯 sīkōng-jiànguàn　　　安居乐业 ānjū-lèyè

天经地义 tiānjīng-dìyì　　　　标新立异 biāoxīn-lìyì

非同小可 fēitóng-xiǎokě　　　　诸如此类 zhūrú-cǐlèi

风驰电掣 fēngchí-diànchè　　　出人意料 chūrényìliào

包罗万象 bāoluó-wànxiàng　　　新陈代谢 xīnchén-dàixiè

胸有成竹 xiōngyǒuchéngzhú　　风起云涌 fēngqǐ-yúnyǒng

精益求精 jīngyìqiújīng　　　　心旷神怡 xīnkuàng-shényí

出类拔萃 chūlèi-bácuì　　　　　目不转睛 mùbùzhuǎnjīng

梦寐以求 mèngmèiyǐqiú　　　　奋不顾身 fènbùgùshēn

举足轻重 jǔzú-qīngzhòng　　　了如指掌 liǎorúzhǐzhǎng

理直气壮 lǐzhí-qìzhuàng　　　矫揉造作 jiǎoróu-zàozuò

此起彼伏 cǐqǐ-bǐfú　　　　　　岂有此理 qǐyǒucǐlǐ

无可奈何 wúkěnàihé　　　　　名副其实 míngfùqíshí

啼笑皆非 tíxiào-jiēfēi　　　　畅所欲言 chàngsuǒyùyán

五、短文朗读训练

非洲真是一个色彩斑斓的世界啊！

蓝天、骄阳、绿树、红土、鲜花，以及皮肤黝黑发亮的黑人兄弟，构成了七彩的非洲！

作为彩色之源的赤道骄阳，是那么炽热、那么明亮。金灿灿的阳光，映照得天空格外的蓝，好似透明的蓝宝石。到了旱季，蓝天之上没有一丝云彩，浩瀚的天穹显得并不十分高远。蔚蓝的天和湛蓝的海，在地平线上交汇，你会觉得非洲的蓝天似乎离我们更近些了。

充沛的阳光和雨水，使得除了沙漠之外的非洲大地，繁花似锦，绿海荡波，满眼是绿色，处处是花海。无论是乡村、市郊还是城里，到处开放着五颜六色的花，不过大多是野花，比我们栽在盆里的花还要硕大，还要茂盛，还要鲜艳。非洲的花之所以多，是因为那里的花开花，草开花，灌木开花，许多树也开花。杧果树开的是星星点点的白花，仙人树开的是金灿灿的黄花，玉兰树高擎着白色或白里透青的玉杯，火炬树绽开的花朵比绿叶还多，一棵似一团火，一排似一片霞。到了开花季节，一条条街道，都成了彩色的长河。人在街上行走，像置身于花海深处。还有一种叫作花树的树，更是妙不可言，远远望去，树上像是开满五彩缤纷的花，非常壮观。走近一看，却是满树的彩叶，紫的、黄的、绿的、红的，好似含情脉脉的少女，向人们频频点头。

非洲不仅植物世界是彩色的，动物世界也是彩色的。在刚果民主共和国维龙加国家公园里，有七彩的巨蟒、黑白相间的斑马，有数不清的红羽鸟、各种颜色交织的五彩鸟，有美丽温顺的梅花鹿，更有非洲雄狮、河马、金钱豹和象群。也许你会说，这些动物在我国的动物园大多能看到。可是多达一万四千多种的非洲蝴蝶，只有在非洲才能大饱眼福。仅仅是被人称为蝴蝶王国的刚果，蝴蝶就有几千种。那些蝴蝶经过防腐处理，制成了精美的工艺品，其颜色不仅有赤橙黄绿青蓝紫，而且在不断地变幻着、交织着、渗透着、辉映着，令你目不暇接，不住地发出赞叹。这还是凝固的色彩呢。你若到盛产蝴蝶的刚果奥旺多，置身于五彩缤纷的蝴蝶世界，细细聆听这彩色小天使飞翔的轻微音韵，简直如同步入仙境。

——节选自彭仁《彩色的非洲》

📝 知识巩固

声调又称字调，是音节中具有区别意义和作用的音高变化。声调中的音高是指相对音高。

汉语的声调可以用调值来描写。调值是指音节高低、升降、曲直、长短的变化形式，也就是声调的实际读法。调值一般用五度标记法表示。

调类是声调的种类，也就是把调值相同的字归纳在一起所建立的种类。有几种基本调值，就有几种调类。普通话分为阴平、阳平、上声、去声4个调类，统称为四声。

调号是表示声调的符号。

普通话的声调发音有鲜明的特点，阴平、阳平、上声和去声调形区别明显：一平、二升、三曲、四降。

对方言区的人而言，发四声时的问题主要有：第一，阴平相对音高不够高；第二，阳平上升的高度不够；第三，上声降升不明显；第四，去声降幅不够大。

入声是古汉语的一种调类，在普通话中虽然已经消失，但在很多方言中还存在。

声调训练包括以下内容：单音节字词训练，双音节词语训练，声调辨正训练，四字词语训练，短文朗读训练。

📝 复习与思考

1. 声调的含义是什么？
2. 如何用调值来描写汉语的声调？
3. 调类分为哪几类？调号的含义是什么？
4. 声调的发音特点是什么？
5. 声调的辨正需要注意什么问题？
6. 声调训练主要包括哪些内容？

思政园地 ★

热心"学普""推普"　带领村民致富
——记广西三江侗族自治县平岩村"致富带头人"吴爱仙

在三江侗族自治县推广普及国家通用语言文字的过程中，涌现出许多热爱学习普通话，继而走上脱贫致富之路的生动故事。三江侗族自治县林溪镇平岩村岩寨屯居民吴爱仙就是其中之一。

学会了普通话，餐馆生意越做越好

吴爱仙和家人共同居住在三江侗族自治县国家 4A 级景区——程阳八寨的岩寨屯里。过去很长一段时间，吴爱仙习惯说本地侗话或柳州话，普通话讲得生硬又别扭，常常让人听不懂。她经营着一家"爱仙农家餐馆"，但因普通话说得不好，游客来吃饭时语言沟通很不方便，常常闹出笑话导致客流量不稳定，生意不景气。

2019 年开始，当地大力开展"推普"（推广普通话）助力脱贫攻坚工作，吴爱仙参加了由三江侗族自治县语言文字工作委员会办公室与平岩村委联合举办的"推普"脱贫培训班，深刻认识到学习普通话的重要性。她下功夫加强普通话学习，每天主动与来自全国各地的游客交流，大胆开口说普通话，有不懂的地方就向身边会说普通话的人请教。慢慢地，吴爱仙的普通话表达能力越来越强。令她感到惊喜的是，家里的餐馆吸引了越来越多的外地游客，客人们很喜欢向她了解侗族传统文化，跟她学唱敬酒歌、侗族大歌、多耶等。因此，吴爱仙一家的日子越过越红火。在她看来，这都得益于自己学好了普通话，是语言沟通产生的经济"奇效"。

村中姐妹同学普通话，一起奔向致富路

普通话改变了吴爱仙的生活，热心的她也没有忘记村里的姐妹。她积极带领姐妹们学习普通话，要求大家做生意时主动用普通话与游客交流，鼓励姐妹们不懂就学、不会就问，并且要持之以恒。她还发动村里 66 位（其中有 12 位是建档立卡脱贫户）能歌善舞的妇女成立"平岩村民族风情表演队"，将普通话表达融入节目表演，更好地展示侗族优秀歌舞文化，让各地游客了解并爱上侗族文化。

自语言文字规范化乡村建设开展以来，平岩村大力推广普通话，像吴爱仙这样积极学习、使用和推广普通话，并由此致富的村民越来越多，村民有了很大改变，村子的面貌也焕然一新。

（资料来源：三江县委宣传部微信公众号，2022 年 9 月 11 日，有改动）

讨论：

吴爱仙结合乡村的实际情况，学习普通话，通过地方特色脱贫致富，为全面推进乡村振兴、建设宜居宜业和美乡村贡献了自己的力量。请你就家乡的实际情况，提出推广普通话的建设性意见，并与同学们进行讨论。

第六章

音变训练

✎ **本章导读**

　　说话时，音节并不是一个一个单独说出来的，而是连着说出来，形成一串串连续的语流。在连续的语流中，相连的音节与音节、音素与音素之间有时会相互影响，产生音变。音变现象在普通话口语中非常普遍，掌握了音变，说出来的普通话不但标准规范，而且纯正地道、自然流畅；反之，如果不知道音变，说出来的话就会让人觉得生硬、僵直。

📚 **学习目标**

　　1. 掌握变调的基本知识。
　　2. 掌握轻声的音变规律。
　　3. 掌握儿化的音变规律。

第一节　变调

普通话的四个声调是单读一个音节的声调，因此又称为"字调"或"单字调"。每个音节、每个字不是一个个孤立的单位，在词语、句子中，音节与音节相连造成的单个音节的声调发生的变化，称作"变调"或"连读变调"。

🧰 知识延伸

变调是汉语方言里普遍存在的语音现象，普通话也有这种现象。一般来说，音节与音节相连都会或多或少地产生声调的变化，普通话语音教学只分析、掌握最明显的变调现象，其中"两字组""三字组"的变调是学习的重点。

一、两字组的变调

普通话里的两字组（即两个音节相连）可以有 16 种声调组合方式。词语中重读音节一般不会变调。（注：本书汉语拼音原则上只注"一""不"变调，其他均注原调，不注变调。特别注明的除外，如叠字形容词。）

（一）上声的变调

上声在普通话四个声调中音长最长，基本上是个低调，调值实际可以描写为 2114。前段 21 和后段 14 都比较短暂，特别是后段 14 最容易失落。因此，上声在阴平、阳平、上声、去声前都会产生变调，只有在单字或处在词语、句子的末尾时才有可能读原调。上声的变调有如下两种情况。

（1）上声在阴平、阳平、去声、轻声前，即在非上声前，丢掉后半段 14 上升的尾巴，调值由 214 变为半上声 211，变调调值描写为 ⊿ 214-211（调形符号标在竖线的右边表示变调调值，下同）。例如：

上声—阴平

百般 bǎibān	摆脱 bǎituō	保温 bǎowēn	饼干 bǐnggān
打通 dǎtōng	纺织 fǎngzhī	海关 hǎiguān	小说 xiǎoshuō
许多 xǔduō	首先 shǒuxiān	省心 shěngxīn	警钟 jǐngzhōng
火车 huǒchē	老师 lǎoshī	奖杯 jiǎngbēi	马车 mǎchē
旅居 lǚjū	恐慌 kǒnghuāng	铁丝 tiěsī	野心 yěxīn
简称 jiǎnchēng	雨衣 yǔyī	北方 běifāng	海军 hǎijūn
取经 qǔjīng	指标 zhǐbiāo	酒精 jiǔjīng	卷烟 juǎnyān

上声—阳平

祖国 zǔguó	旅行 lǚxíng	导游 dǎoyóu	改革 gǎigé
朗读 lǎngdú	考察 kǎochá	古文 gǔwén	口型 kǒuxíng
讲台 jiǎngtái	打球 dǎqiú	鲤鱼 lǐyú	简洁 jiǎnjié
偶然 ǒurán	浅薄 qiǎnbó	酒席 jiǔxí	耳闻 ěrwén
海拔 hǎibá	几何 jǐhé	柳条 liǔtiáo	抢夺 qiǎngduó

坦白 tǎnbái	取材 qǔcái	漂白 piǎobái	两极 liǎngjí
紧急 jǐnjí	储存 chǔcún	语言 yǔyán	早霞 zǎoxiá

上声—去声

广大 guǎngdà	讨论 tǎolùn	挑战 tiǎozhàn	土地 tǔdì
感谢 gǎnxiè	稿件 gǎojiàn	统治 tǒngzhì	雪亮 xuěliàng
铁道 tiědào	守候 shǒuhòu	美术 měishù	把握 bǎwò
骨干 gǔgàn	感动 gǎndòng	典范 diǎnfàn	款待 kuǎndài
悔过 huǐguò	妥善 tuǒshàn	拐杖 guǎizhàng	努力 nǔlì
纽扣 niǔkòu	诡辩 guǐbiàn	柳树 liǔshù	讲话 jiǎnghuà
马上 mǎshàng	请假 qǐngjià	小麦 xiǎomài	总共 zǒnggòng

上声—轻声

矮子 ǎizi	斧子 fǔzi	奶奶 nǎinai	姐姐 jiějie
尾巴 wěiba	老婆 lǎopo	耳朵 ěrduo	马虎 mǎhu
口袋 kǒudai	伙计 huǒji		

(2)两个上声相连，前一个上声的调值变为35。实验语音学从语图和听辨实验证明，前字上声、后字上声构成的组合与前字阳平、后字上声构成的组合在声调模式上是相同的。这说明两个上声相连，前字上声的调值变得跟阳平的调值一样，变调调值描写为⌇⌇ 214-35。例如：

上声—上声

懒散 lǎnsǎn	手指 shǒuzhǐ	母语 mǔyǔ	鬼脸 guǐliǎn
海岛 hǎidǎo	旅馆 lǚguǎn	解渴 jiěkě	广场 guǎngchǎng
首长 shǒuzhǎng	主讲 zhǔjiǎng	简短 jiǎnduǎn	古典 gǔdiǎn
粉笔 fěnbǐ	小组 xiǎozǔ	减少 jiǎnshǎo	水井 shuǐjǐng
土法 tǔfǎ	保险 bǎoxiǎn	许久 xǔjiǔ	友好 yǒuhǎo
勇敢 yǒnggǎn	彼此 bǐcǐ	反省 fǎnxǐng	起早 qǐzǎo
洗澡 xǐzǎo	远景 yuǎnjǐng	表姐 biǎojiě	水桶 shuǐtǒng

(二)"一""不"的变调

"一""不"都是古汉语的入声字。普通话没有入声，古入声字分别归入其他声调。普通话"一"的单字调是阴平声55，"不"的单字调是去声51，在单念或处在词句末尾的时候，不变调。这两个字的变调取决于后一个连读音节的声调，因此，我们把它们看成是"两字组"的变调。

"一"的变调有如下两种情况。

(1)在去声音节前调值变为35，跟阳平的调值一样，变调调值描写为�⊺⌇ 55-35。例如：

去声前

一半 yíbàn	一旦 yídàn	一定 yídìng	一度 yídù
一概 yígài	一共 yígòng	一贯 yíguàn	一晃 yíhuàng
一路 yílù	一律 yílǜ	一切 yíqiè	一色 yísè
一味 yíwèi	一向 yíxiàng	一样 yíyàng	一阵 yízhèn
一致 yízhì	一次 yícì	一类 yílèi	一倍 yíbèi
一处 yíchù	一件 yíjiàn	一个 yígè	一带 yídài

一道 yídào　　　　　一面 yímiàn　　　　　一瞬 yíshùn　　　　　一再 yízài

一线 yíxiàn

（2）在阴平、阳平、上声前，即在非去声前，调值变为51，跟去声的调值一样，变调调值描写为⌐∖ 55-51。例如：

阴平前

一般 yìbān　　　　　一边 yìbiān　　　　　一端 yìduān　　　　　一发 yìfā

一经 yìjīng　　　　　一瞥 yìpiē　　　　　一身 yìshēn　　　　　一生 yìshēng

一天 yìtiān　　　　　一些 yìxiē　　　　　一心 yìxīn　　　　　一朝 yìzhāo

一杯 yìbēi　　　　　一家 yìjiā　　　　　一批 yìpī　　　　　　一张 yìzhāng

一枝 yìzhī

阳平前

一连 yìlián　　　　　一齐 yìqí　　　　　一如 yìrú　　　　　　一时 yìshí

一同 yìtóng　　　　　一头 yìtóu　　　　　一行 yìháng　　　　　一直 yìzhí

一群 yìqún　　　　　一条 yìtiáo

上声前

一举 yìjǔ　　　　　　一口 yìkǒu　　　　　一览 yìlǎn　　　　　一起 yìqǐ

一手 yìshǒu　　　　　一体 yìtǐ　　　　　一统 yìtǒng　　　　　一早 yìzǎo

一准 yìzhǔn　　　　　一总 yìzǒng　　　　　一所 yìsuǒ　　　　　一朵 yìduǒ

当"一"作为序数表示"第一"时不变调。例如："一楼"的"一"不变调时，表示"第一楼"或"第一层楼"，而变调时则表示"全楼"；"一连"的"一"不变调时表示"第一连"，而变调时则表示"全连"。副词"一连"中的"一"也变调，如"一连五天"。

"不"字只有一种变调。当"不"在去声音节前调值变为35，跟阳平的调值一样，变调调值描写为∖∖ 51-35。例如：

去声前

不必 búbì　　　　　　不变 búbiàn　　　　　不便 búbiàn　　　　　不测 búcè

不错 búcuò　　　　　不待 búdài　　　　　不但 búdàn　　　　　不定 búdìng

不断 búduàn　　　　　不对 búduì　　　　　不够 búgòu　　　　　不顾 búgù

不过 búguò　　　　　不讳 búhuì　　　　　不会 búhuì　　　　　不济 bújì

不快 búkuài　　　　　不愧 búkuì　　　　　不利 búlì　　　　　　不力 búlì

不料 búliào　　　　　不论 búlùn　　　　　不妙 búmiào　　　　　不善 búshàn

不是 búshì　　　　　不适 búshì　　　　　不外 búwài　　　　　不幸 búxìng

不逊 búxùn　　　　　不厌 búyàn　　　　　不要 búyào　　　　　不用 búyòng

不在 búzài　　　　　不振 búzhèn　　　　　不致 búzhì　　　　　不去 búqù

不信 búxìn　　　　　不像 búxiàng

当"一"嵌在重叠式的动词之间，"不"夹在动词或形容词之间，夹在动词补语之间时轻读，属于"次轻音"。例如"听一听""学一学""写一写""看一看""穿不穿""谈不谈""买不买""去不去""会不会""缺不缺""红不红""好不好""大不大""看不清""起不来""拿不动""打不开"。由于次轻音的声调仍依稀可辨，当"一"和"不"夹在两个音节中间时，不是依前一个音节变为轻声的调值，而是当音量稍有加强时，就依后一个音节产生变调，变调规律如前。

(三) 其他变调

当两个去声相连，前面的去声音节不读重音的时候，调值没有降到最低，调值变为高降调 53，变调调值描写为 ⅧⅠ 51-53，称作"半去"。从音高看，后面的去声音节受前面去声调值末尾的影响，从而比前面的去声音节起点略低。例如：

去声—去声

饭店 fàndiàn	贵重 guìzhòng	介绍 jièshào	借鉴 jièjiàn
密切 mìqiè	戏剧 xìjù	裂缝 lièfèng	迫害 pòhài
木料 mùliào	电话 diànhuà	再见 zàijiàn	外地 wàidì
算术 suànshù	善意 shànyì	注意 zhùyì	汉字 hànzì
降落 jiàngluò	自治 zìzhì	大会 dàhuì	办事 bànshì
互助 hùzhù	预告 yùgào	见面 jiànmiàn	示范 shìfàn
路费 lùfèi	照相 zhàoxiàng	竞赛 jìngsài	致谢 zhìxiè

（注：北京语音在两个去声相连时，前面一个去声音节的调值也有变为高升调 ⅧⅠ 51-35 的情况，我们把这种变调作为方言看待。）

另外，声调的变化有时同声母的清浊有关。譬如，后字是浊音声母或零声元音节的时候，两个音节衔接处由于声带振动没有间断，从而对音高模式产生影响。当前字是阴平、阳平时，调值结尾高，后面的阳平、上声音节开头的调值受到影响，起头较高。而当前字是上声（变为"半上"）、去声时，调值结尾低，后面的阴平、阳平音节开头的调值受到影响，起头也较低，例如，"工人""腰围""轮流""怀疑""真理""中午""牛奶""谜语""马鞍""雨衣""鸟笼""古文""治安""兽医""麦苗""皱纹"。

二、三字组的变调

普通话中三字组可以有 64 种声调组合方式，除三个上声相连外，受轻重音格式的影响，末尾的音节一般都保持原有的调型。开头的音节一般按两字组的变调规律变调，中间的音节受前后音节的影响而发生变调。

(一) 中间的音节为阳平的变调

当开头的音节是阴平、阳平时，无论末尾的音节是什么声调，中间的音节的阳平调值变为 55，变调调值描写为 ⅧⅠ 35-55。例如：

牵牛花 qiānniúhuā	清华园 qīnghuáyuán
西洋景 xīyángjǐng	同情心 tóngqíngxīn
财神爷 cáishényé	珊瑚岛 shānhúdǎo
白杨树 báiyángshù	

这种变调在会话中自然地出现，但一般人不易察觉，有意放慢读则不变调。语音教学中不必要求掌握。

(二) 中间的音节为去声的变调

不论开头、末尾的音节是什么声调，中间的音节的去声调值变为高降调 53，变调调值描写为 ⅧⅠ 51-53。例如：

炊事员 chuīshìyuán

火焰山 huǒyànshān

前半天 qiánbàntiān

文化宫 wénhuàgōng

大自然 dàzìrán

招待所 zhāodàisuǒ

(三)中间的音节为上声的变调(三个上声相连除外)

无论开头的音节是什么声调,中间的上声音节依末尾音节变调,变调规律与两字组上声变调规律相同。例如:

参考书 cānkǎoshū

老百姓 lǎobǎixìng

水果糖 shuǐguǒtáng

大扫除 dàsǎochú

龙井茶 lóngjǐngchá

数理化 shùlǐhuà

农产品 nóngchǎnpǐn

(四)三个上声相连的变调

三个上声音节相连,如果后面没有紧跟着其他音节,也不带语气,末尾音节一般不变调。开头、中间的上声音节的变调有以下两种情况。

(1)当词语的结构是"双单格"(指双音节+单音节)时,开头、中间的上声音节调值变为35,跟阳平的调值一样。例如:

手写体 shǒuxiětǐ

管理组 guǎnlǐzǔ

洗脸水 xǐliǎnshuǐ

水彩笔 shuǐcǎibǐ

勇敢者 yǒnggǎnzhě

虎骨酒 hǔgǔjiǔ

展览馆 zhǎnlǎnguǎn

选举法 xuǎnjǔfǎ

蒙古语 měnggǔyǔ

打靶场 dǎbǎchǎng

敏感点 mǐngǎndiǎn

考古所 kǎogǔsuǒ

(2)当词语的结构是"单双格"(指单音节+双音节),开头音节处在被强调的逻辑重音时,读作"半上",调值变为211,中间的音节则按两字组变调规律变为35。例如:

冷处理 lěngchǔlǐ

小两口 xiǎoliǎngkǒu

好导演 hǎodǎoyǎn

纸老虎 zhǐlǎohǔ

小拇指 xiǎomǔzhǐ

耍笔杆 shuǎbǐgǎn

搞管理 gǎoguǎnlǐ

海产品 hǎichǎnpǐn

老保守 lǎobǎoshǒu

李厂长 lǐchǎngzhǎng

也有个别模棱两可的情况,既可以看作是"双单格",也可以看作是"单双格",如"小组长"。

三、叠字形容词的变调

以下叠字形容词均注变调,但在注音读物中通常注原调,不注变调。

(一)AA式的变调

叠字形容词AA式第二个音节原字调是阳平、上声、去声,即非阴平时,声调可以变为高平调55,跟阴平的调值一样。例如:

红红 hónghōng   满满 mǎnmān   宝宝 bǎobāo   大大 dàdā

在口语中常带上"儿尾",读作"儿化韵",大多表示期望、祈令、要求,语气温和婉转。例如:

平平儿(的)píngpīngr(de)　　　　长长儿(的)chángchāngr(de)

好好儿(地)hǎohāor(de)　　　　慢慢儿(地)mànmānr(de)

稳稳儿(地)wěnwēnr(de)　　　　满满儿(的)mǎnmānr(de)

快快儿(地)kuàikuāir(de)

🔊 小贴士

附加"儿尾"的变调口语色彩很浓,书面语形式一般不加"儿尾"。例如,"好好学习,天天向上"。

用 AA 式描写当时的情况,可以不变调。例如"大大"(眼睛睁得～的)、"满满"(～地斟了一杯酒)。

当口语中 AA 式读"儿化韵"时,第二个音节均要变调。

(二)ABB 式、AABB 式的变调

当后面两个叠字音节的声调是阳平、上声、去声,即非阴平时,调值变为高平调 55,跟阴平的调值一样。例如:

ABB 式

绿油油 lǜyōuyōu　　　　　　　红彤彤 hóngtōngtōng

乱蓬蓬 luànpēngpēng　　　　　慢腾腾 màntēngtēng

热腾腾 rètēngtēng　　　　　　湿淋淋 shīlīnlīn

湿漉漉 shīlūlū　　　　　　　　亮堂堂 liàngtāngtāng

黑洞洞 hēidōngdōng

AABB 式

慢慢腾腾 mànmantēngtēng　　　马马虎虎 mǎmahūhū

明明白白 míngmingbāibāi　　　漂漂亮亮 piàopiaoliāngliāng

客客气气 kèkeqīqī　　　　　　稳稳当当 wěnwendāngdāng

🔊 小贴士

ABB 式、AABB 式读得缓慢,也可以不变调。

一部分书面语的叠字形容词不能变调,例如"白皑皑""金闪闪""轰轰烈烈""堂堂正正""沸沸扬扬""呜呜咽咽""闪闪烁烁"。

▼ 四、语音训练

(一)上声变调的发音练习

上声—非上声

有些 yǒuxiē　　　产生 chǎnshēng　　　指挥 zhǐhuī　　　统一 tǒngyī

紧张 jǐnzhāng　　打击 dǎjī　　　　普通 pǔtōng　　　眼光 yǎnguāng

展开 zhǎnkāi　　武装 wǔzhuāng　　主观 zhǔguān　　主张 zhǔzhāng

纺织 fǎngzhī　　本身 běnshēn　　广东 guǎngdōng　　已经 yǐjīng

可能 kěnéng　　以前 yǐqián　　　祖国 zǔguó　　　仿佛 fǎngfú

女人 nǚrén　　委员 wěiyuán　　有时 yǒushí　　本来 běnlái

感情 gǎnqíng　　小时 xiǎoshí　　以来 yǐlái　　感觉 gǎnjué

总结 zǒngjié　　改革 gǎigé　　举行 jǔxíng　　保持 bǎochí

演员 yǎnyuán　　海洋 hǎiyáng　　语言 yǔyán　　警察 jǐngchá

主义 zhǔyì　　准备 zhǔnbèi　　伟大 wěidà　　只要 zhǐyào

感到 gǎndào　　只是 zhǐshì　　整个 zhěnggè　　马上 mǎshàng

总是 zǒngshì　　理论 lǐlùn　　表示 biǎoshì　　使用 shǐyòng

土地 tǔdì　　主任 zhǔrèn　　改变 gǎibiàn　　广大 guǎngdà

反映 fǎnyìng　　美丽 měilì　　讨论 tǎolùn　　掌握 zhǎngwò

保证 bǎozhèng　　武器 wǔqì　　赶快 gǎnkuài　　巩固 gǒnggù

眼泪 yǎnlèi　　宇宙 yǔzhòu　　广泛 guǎngfàn　　考虑 kǎolǜ

我们 wǒmen　　你们 nǐmen　　懂得 dǒngde　　显得 xiǎnde

耳朵 ěrduo　　尾巴 wěiba　　老爷 lǎoye　　脑子 nǎozi

老实 lǎoshi　　奶奶 nǎinai　　姐姐 jiějie　　嫂子 sǎozi

椅子 yǐzi

上声—上声

所以 suǒyǐ　　影响 yǐngxiǎng　　所有 suǒyǒu　　只好 zhǐhǎo

引起 yǐnqǐ　　管理 guǎnlǐ　　指导 zhǐdǎo　　采取 cǎiqǔ

老板 lǎobǎn　　赶紧 gǎnjǐn　　往往 wǎngwǎng　　尽管 jǐnguǎn

可以 kěyǐ　　品种 pǐnzhǒng　　本领 běnlǐng　　选举 xuǎnjǔ

理解 lǐjiě　　勇敢 yǒnggǎn　　打倒 dǎdǎo　　彼此 bǐcǐ

厂长 chǎngzhǎng　　首长 shǒuzhǎng　　手指 shǒuzhǐ　　起早 qǐzǎo

小组 xiǎozǔ　　表演 biǎoyǎn　　水果 shuǐguǒ　　友好 yǒuhǎo

古老 gǔlǎo　　雨水 yǔshuǐ　　美好 měihǎo　　勉强 miǎnqiǎng

保守 bǎoshǒu　　广场 guǎngchǎng　　女子 nǚzǐ　　岛屿 dǎoyǔ

领导 lǐngdǎo　　也许 yěxǔ　　小姐 xiǎojiě

(二)"一""不"变调的发音练习

一板一眼 yìbǎn-yìyǎn　　　　　一唱一和 yíchàng-yíhè

一模一样 yìmú-yíyàng　　　　　一丝一毫 yìsī-yìháo

一字一板 yízì-yìbǎn　　　　　一朝一夕 yìzhāo-yìxī

一心一意 yìxīn-yíyì　　　　　一问一答 yíwèn-yìdá

一张一弛 yìzhāng-yìchí　　　　一起一落 yìqǐ-yíluò

一上一下 yíshàng-yíxià　　　　一前一后 yìqián-yíhòu

一左一右 yìzuǒ-yíyòu　　　　　一物降一物 yí wù xiáng yí wù

一窍不通 yíqiào-bùtōng　　　　一丝不苟 yìsī-bùgǒu

一丝不挂 yìsī-búguà　　　　　一尘不染 yìchén-bùrǎn

一成不变 yìchéng-búbiàn　　　　一蹶不振 yìjué-búzhèn

一毛不拔 yìmáo-bùbá　　　　　一不做，二不休 yī bú zuò, èr bù xiū

不赞一词 búzàn-yìcí　　　　　　不可一世 bùkě-yíshì

不管三七二十一 bùguǎn sānqī èrshíyī

不经一事，不长一智 bù jīng yí shì，bù zhǎng yí zhì

不管不顾 bùguǎn-búgù　　　　　不卑不亢 bùbēi-búkàng

不伦不类 bùlún-búlèi　　　　　　不三不四 bùsān-búsì

不干不净 bùgān-bújìng　　　　　不折不扣 bùzhé-búkòu

不大不小 búdà-bùxiǎo　　　　　不上不下 búshàng-búxià

不见不散 bújiàn-búsàn

第二节　轻声

一、什么是轻声

　　轻声是一种特殊的变调现象。由于它长期处于口语轻读音节的地位，失去了原有声调的调值，又重新构成自身特有的音高形式，听感上显得轻短模糊。普通话的轻声都是从阴平、阳平、上声、去声4个声调变化而来的，如"哥哥""婆婆""姐姐""弟弟"的第二个音节。说它"特殊"，是因为这种变调总是根据前一个音节声调的调值决定后一个轻声音节的调值，而不论后一个音节原调调值的具体形式。

　　轻声作为一种变调的语音现象，一定体现在词语和句子中，因此，轻声音节的读音不能独立存在。固定读轻声的单音节助词、语气词也不例外，它们的实际轻声调值也要依靠前一个音节的声调调值来确定。绝大多数的轻声现象表现在一部分口语双音节词中，长期读作"重·最轻"的轻重音格式，使后一个音节的原调调值变化，构成轻声调值。

二、轻声的语音特性

　　从声学上分析，轻声音节的能量较弱，是音高、音长、音色、音强综合变化的效应，但这些语音的要素在轻声音节的辨别中所起作用的大小是不同的。语音实验证明，轻声音节的特性主要表现在音高和音长两个方面。从音高上看，轻声音节失去原有的声调调值，变为轻声音节特有的音高形式，构成轻声调值。从音长上看，轻声音节一般短于正常重读音节的长度，甚至大大缩短，可见音长较短是轻声的另一特性。尽管轻声音节音长较短，但它的调型仍然可以分辨，并在辨别轻声时起着不可忽视的作用。

　　普通话轻声音节的调值可以归纳为以下两种形式。

　　(1)当前一个音节的声调是阴平、阳平、去声的时候，后一个轻声音节的调型是短促的低降调，调值为31(调值下加短横线表示音长较短，下同)。例如：

阴平—轻声

他的 tāde　　　　　桌子 zhuōzi　　　　　说了 shuōle　　　　　哥哥 gēge

先生 xiānsheng　　　休息 xiūxi　　　　　苍蝇 cāngying　　　　姑娘 gūniang

清楚 qīngchu　　　　家伙 jiāhuo　　　　　庄稼 zhuāngjia

阳平—轻声

红的 hóngde	房子 fángzi	晴了 qíngle	婆婆 pópo
爷爷 yéye	泥鳅 níqiu	粮食 liángshi	胡琴 húqin
萝卜 luóbo	行李 xíngli	头发 tóufa	

去声—轻声

坏的 huàide	扇子 shànzi	睡了 shuìle	弟弟 dìdi
丈夫 zhàngfu	意思 yìsi	困难 kùnnan	骆驼 luòtuo
豆腐 dòufu	吓唬 xiàhu	漂亮 piàoliang	

(2)当前一个音节的声调是上声的时候，后一个轻声音节的调型是短促的半高平调，调值为44(实际发音受前面上声的影响，往往开头略低于4度，形成一个微升调型，由于轻声音节音长较短，这种细微之处不易察觉)。例如：

上声—轻声

我的 wǒde	斧子 fǔzi	起了 qǐle	姐姐 jiějie
喇叭 lǎba	老实 lǎoshi	马虎 mǎhu	耳朵 ěrduo
使唤 shǐhuan	嘱咐 zhǔfu	口袋 kǒudai	

轻声音节的音色也或多或少发生变化。最明显的是韵母发生弱化，如元音(指主要元音)舌位趋向中央等。声母也可能产生变化，如不送气的清塞音、清塞擦音声母变为浊塞音、浊塞擦音声母等。轻声音节的音色变化是不稳定的。语音训练只要求掌握已经固定下来的轻声现象(字典、词典已收入的)。例如，助词"的"读 de，"了"读 le，词缀"子"读 zi，"钥匙"的"匙"读 shi，"衣裳"的"裳"读 shang。

音强在辨别轻重音方面起的作用很小，在普通话轻声音节中音强不起明显作用，轻声音节听感上的轻短模糊是心理感知作用。由于轻声音节音长较短，读音时所需能量明显减少，但音强并不一定比正常重读音节弱。

三、普通话词的轻重音格式

普通话的轻声现象与轻重音有密切关系。轻重音表现在词和语句里，最基本的是词的轻重音。根据普通话词的语音结构，我们把普通话的轻重音细分为四个等级，即重音、中音、次轻音、最轻音。

重音即词的重读音节。普通话中双音节、三音节、四音节词处在末尾的音节大多数读作重音。重音音节一般情况下不产生变调。例如，"拼音""冰激凌""展览馆""二氧化碳"。

中音是指既不强调重读也不特别轻读的一般音节，又称为"次重音"。例如，"汽车""出版""语法"。

次轻音比中音略轻，其声调受到影响、调值不够稳定，但调类的基本特征仍然依稀可辨，声母和韵母没有明显变化。例如，"老虎""诗人""战士""男子""看一看""去不去""西红柿""无线电""慌慌张张"。

最轻音是指特别轻读的音节，其比正常重读音节的音长短得多，完全失去原调调值，重新构成自己特有的调值，韵母或声母往往发生明显变化。最轻音音节就是普通话的轻声音节，绝大多数出现在双音节词中，在双音节词中只出现在后一个音节。例如，"桌子""衣裳""豆腐"。

普通话词的多音节语音结构中，次轻音和最轻音不会出现在第一个音节。

普通话词的主要轻重音格式有以下几种。

(一)单音节词的轻重音格式

单音节词绝大多数重读，只有极少数固定读作次轻音或最轻音。

用在名词、代词后面的表示方位的词(或语素)"上、下、里、边"等,读作次轻音。例如,"地下""树上""屋里""碗里""这面""那边"。

用在动词后面表示趋向的词,读作次轻音。例如,"进来""起来""出去""下去"。

助词"的、地、得、着(zhe)、了、过",读作最轻音。例如,"你的""跳舞的""高兴地""跑得快""坐着""睡了""学过"。

语气词"啊、吧、吗、呢",读作最轻音。语气词"啊"可以根据实际音变写作"呀""哇""哪",例如,"你啊(呀)""好啊(哇)""干啊(哪)""行啊""是啊""开门儿啊""什么字啊""说吧""去吗""人呢"。

上面列举的助词、语气词在普通话里固定读轻声。这些单音节词的轻声调值要依据前一个音节确定。这部分单音节词数量极少,但出现频率较高。

(二)双音节词的轻重音格式

(1)中·重——后一个音节读重音,前一个音节读中音。双音节词绝大多数是这个格式。例如,"国家""伟大""雷锋""陆军""蝴蝶""出版""人人"。

(2)重·次轻——前一个音节读重音,后一个音节读次轻音。对于后面轻读的音节,声母、韵母一般没有变化,原调调值仍依稀可辨。这类词语一般轻读,偶尔(间或)重读,读音不太稳定。我们可以称为"可轻读词语"。例如,"工人""手艺""老鼠""娇气""女士""男子"。

《现代汉语词典(第7版)》在给这类词语注音时,一部分在轻读音节标注声调符号,但在音节前加圆点。例如"新鲜 xīn·xiān""客人 kè·rén""风水 fēng·shuǐ""匀称 yún·chèn"。另一部分词语则未作明确标注。例如"分析 fēnxī""老虎 lǎohǔ""制度 zhìdù"。尽管词典中用汉语拼音标注出了轻读音节的声调符号,但实际读音可以允许后一个音节轻读。

(3)重·最轻——前一个音节读重音,后一个音节读最轻音。这是轻声词的主要语音结构。例如,"椅子""我们""石头""女儿""妈妈""衣服""耳朵"。

也可将"重·次轻"和"重·最轻"合并为一种格式——"重·轻",但这样不利于认识轻声词的语音结构。

(三)三音节词的轻重音格式

(1)中·次轻·重——末尾的音节读重音,第一个音节读中音,中间的音节读次轻音。这是绝大多数三音节词的轻重音格式。这种格式的三音节词声调不太稳定,在慢速的读音中仍保持原调调型,而在一般的会话速度里会产生某种变调。例如,"炊事员""西红柿""太平庄""打字机"。

(2)中·重·最轻——中间的音节读重音,第一个音节读中音,末尾的音节读最轻音。这种格式在三音节词中占少数,其中有的相当于在双音节词的"重·最轻"格式前加上一个限制修饰成分或词缀。有的相当于在双音节词的"中·重"格式后加一个轻读的词缀。例如,"胡萝卜""好家伙""老头子""小伙子""同学们""老乡们"。

(3)重·最轻·最轻——第一个音节读重音,后面两个音节都读最轻音,其中有的相当于在双音节词的"重·最轻"格式后加上一个轻读的词缀。这种格式的三音节词数量较少。例如,"姑娘家""朋友们""娃娃们"。

(四)四音节词的轻重音格式

(1)中·次轻·中·重——末尾的音节读重音,第一个和第三个音节读中音,第二个音节读次轻音。这种格式在四音节词中占绝大多数,包括四字成语在内。例如,"二氧化碳""清清楚楚""慌里慌张""嘻嘻哈哈""一马当先""心明眼亮"。

(2)中·次轻·重·最轻——第三个音节读重音，第一个音节读中音，第二个音节读次轻音，末尾的音节读最轻音。这种格式在四音节词中占极少数。例如，"如意算盘""外甥媳妇(儿)"。

五个音节及以上的大多是词组(短语)，可以将其划分为双音节、三音节、四音节词语，然后再确定轻重音格式。

四、轻声音节的语音训练

(一)轻声的发音训练

轻声的发音训练首先要体会轻声音节音长较短的特点。为了发音练习的方便，把轻声音节连同其前面的音节看成两拍，前面的音节读音延长，读作一拍半，后面的轻声音节读作半拍。同时，注意轻声音节在阴平、阳平、去声后的音高形式是短促的低降调31，而在上声后是短促的半高平调44。例如：

阴平—轻声

黑的 hēide	喝的 hēde	丢了 diūle	梳子 shūzi
跟头 gēntou	多么 duōme	叔叔 shūshu	听过 tīngguo
追呀 zhuīya	他吗 tāma	巴掌 bāzhang	

阳平—轻声

红的 hóngde	拿着 názhe	熟了 shóule	篮子 lánzi
石头 shítou	什么 shénme	爷爷 yéye	学过 xuéguo
人呢 rénne	行吗 xíngma	云彩 yúncai	

上声—轻声

粉的 fěnde	打着 dǎzhe	好了 hǎole	本子 běnzi
里头 lǐtou	怎么 zěnme	姐姐 jiějie	想过 xiǎngguo
走哇 zǒuwa	管吗 guǎnma	打算 dǎsuan	

去声—轻声

绿的 lùde	坐着 zuòzhe	错了 cuòle	凳子 dèngzi
木头 mùtou	这么 zhème	妹妹 mèimei	念过 niànguo
对呀 duìya	是啊 shìa	豆腐 dòufu	

(二)常用轻声词的发音训练

我们 wǒmen	他们 tāmen	你们 nǐmen	人们 rénmen
咱们 zánmen	它们 tāmen	她们 tāmen	什么 shénme
怎么 zěnme	这么 zhème	为什么 wèishénme	那么 nàme
为了 wèile	除了 chúle	极了 jíle	得了 déle
算了 suànle	罢了 bàle	对了 duìle	好了 hǎole
妈妈 māma	爸爸 bàba	爷爷 yéye	太太 tàitai
哥哥 gēge	叔叔 shūshu	弟弟 dìdi	老太太 lǎotàitai
奶奶 nǎinai	妹妹 mèimei	谢谢 xièxie	姐姐 jiějie
婶婶 shěnshen	星星 xīngxing	伯伯 bóbo	娃娃 wáwa
舅舅 jiùjiu	姑姑 gūgu	婆婆 pópo	猩猩 xīngxing

似的 shìde　　有的 yǒude　　接着 jiēzhe　　觉着 juézhe

跟着 gēnzhe　　石头 shítou　　里头 lǐtou　　骨头 gǔtou

前头 qiántou　　馒头 mántou　　木头 mùtou　　舌头 shétou

指头 zhǐtou　　拳头 quántou　　上头 shàngtou　　念头 niàntou

后头 hòutou　　枕头 zhěntou　　外头 wàitou　　罐头 guàntou

丫头 yātou　　跟头 gēntou　　锄头 chútou　　*东西 dōngxi

*地方 dìfang　　先生 xiānsheng　　事情 shìqing　　认识 rènshi

部分 bùfen　　朋友 péngyou　　学生 xuésheng　　知识 zhīshi

*人家 rénjia　　*多少 duōshao　　*姑娘 gūniang　　困难 kùnnan

明白 míngbai　　衣服 yīfu　　清楚 qīngchu　　意思 yìsi

喜欢 xǐhuan　　队伍 duìwu　　师傅 shīfu　　消息 xiāoxi

大夫 dàifu　　老爷 lǎoye　　休息 xiūxi　　头发 tóufa

粮食 liángshi　　少爷 shàoye　　工夫 gōngfu　　耳朵 ěrduo

尾巴 wěiba　　骆驼 luòtuo　　商量 shāngliang　　家伙 jiāhuo

老实 lǎoshi　　脑袋 nǎodai　　舒服 shūfu　　窗户 chuānghu

招呼 zhāohu　　牲口 shēngkou　　漂亮 piàoliang　　嘴巴 zuǐba

麻烦 máfan　　*丈夫 zhàngfu　　结实 jiēshi　　收拾 shōushi

便宜 piányi　　糊涂 hútu　　衣裳 yīshang　　*买卖 mǎimai

葡萄 pútao　　*大爷 dàye　　打听 dǎting　　老婆 lǎopo

胳膊 gēbo　　模糊 móhu　　包袱 bāofu　　心思 xīnsi

打量 dǎliang　　咳嗽 késou　　苍蝇 cāngying　　吆喝 yāohe

闺女 guīnü　　高粱 gāoliang　　灯笼 dēnglong　　耽误 dānwu

眉毛 méimao　　秀才 xiùcai　　功夫 gōngfu　　笑话 xiàohua

豆腐 dòufu　　哆嗦 duōsuo　　规矩 guīju　　*本事 běnshi

出息 chūxi　　葫芦 húlu　　委屈 wěiqu　　相声 xiàngsheng

喇叭 lǎba　　萝卜 luóbo　　含糊 hánhu　　弟兄 dìxiong

帐篷 zhàngpeng　　称呼 chēnghu　　约莫 yuēmo　　下巴 xiàba

在乎 zàihu　　*大方 dàfang　　衙门 yámen　　迷糊 míhu

和尚 héshang　　马虎 mǎhu　　宽敞 kuānchang　　琢磨 zuómo

叫唤 jiàohuan　　狐狸 húli　　收成 shōucheng　　使唤 shǐhuan

疙瘩 gēda　　扎实 zhāshi　　稳当 wěndang　　铃铛 língdang

折腾 zhēteng　　庄稼 zhuāngjia　　篱笆 líba　　机灵 jīling

指甲 zhǐjia　　吓唬 xiàhu　　岁数 suìshu　　见识 jiànshi

嘀咕 dígu　　窝棚 wōpeng　　唾沫 tuòmo　　刺猬 cìwei

钥匙 yàoshi　　扫帚 sàozhou　　动弹 dòngtan　　养活 yǎnghuo

*地道 dìdao　　耷拉 dāla　　*运气 yùnqi　　蘑菇 mógu

芝麻 zhīma　　记性 jìxing　　应酬 yìngchou　　秧歌 yāngge

棺材 guāncai　　街坊 jiēfang　　踏实 tāshi　　甘蔗 gānzhe

云彩 yúncai　　　　停当 tíngdang　　　　名堂 míngtang　　　　架势 jiàshi

柴火 cháihuo　　　　比方 bǐfang　　　　　抬举 táiju　　　　　孩子 háizi

样子 yàngzi　　　　房子 fángzi　　　　　儿子 érzi　　　　　　日子 rìzi

身子 shēnzi　　　　肚子 dùzi　　　　　　院子 yuànzi　　　　　桌子 zhuōzi

一阵子 yízhènzi　　小伙子 xiǎohuǒzi　　鬼子 guǐzi　　　　　村子 cūnzi

帽子 màozi　　　　鼻子 bízi　　　　　　脑子 nǎozi　　　　　嫂子 sǎozi

叶子 yèzi　　　　　椅子 yǐzi　　　　　　脖子 bózi　　　　　　老头子 lǎotóuzi

影子 yǐngzi　　　　绳子 shéngzi　　　　虫子 chóngzi　　　　胡子 húzi

种子 zhǒngzi　　　小子 xiǎozi　　　　铺子 pùzi　　　　　　个子 gèzi

嗓子 sǎngzi　　　　橘子 júzi　　　　　　小孩子 xiǎoháizi　　亭子 tíngzi

凳子 dèngzi　　　　担子 dànzi　　　　　法子 fǎ(fá)zi　　　　拢子 lǒngzi

谷子 gǔzi　　　　　斧子 fǔzi　　　　　　辫子 biànzi　　　　　麦子 màizi

盖子 gàizi　　　　　车子 chēzi　　　　　袜子 wàzi　　　　　　蚊子 wénzi

果子 guǒzi　　　　筷子 kuàizi　　　　　篮子 lánzi　　　　　步子 bùzi

车轮子 chēlúnzi　　笼子 lóngzi　　　　　箱子 xiāngzi　　　　疯子 fēngzi

本子 běnzi　　　　席子 xízi　　　　　　厂子 chǎngzi　　　　炉子 lúzi

链子 liànzi　　　　瓶子 píngzi　　　　　汉子 hànzi　　　　　盒子 hézi

院子 yuànzi　　　　管子 guǎnzi　　　　圈子 quānzi　　　　　条子 tiáozi

狮子 shīzi　　　　　骡子 luózi　　　　　牌子 páizi　　　　　　鸭子 yāzi

沙子 shāzi　　　　根子 gēnzi　　　　　胆子 dǎnzi　　　　　鞭子 biānzi

摊子 tānzi　　　　　旗子 qízi　　　　　　辈子 bèizi　　　　　领子 lǐngzi

梯子 tīzi　　　　　钳子 qiánzi　　　　　窗子 chuāngzi　　　袖子 xiùzi

妹子 mèizi　　　　带子 dàizi　　　　　金子 jīnzi　　　　　　钉子 dīngzi

刀子 dāozi　　　　椰子 yēzi　　　　　　褂子 guàzi　　　　　豹子 bàozi

班子 bānzi　　　　＊老子 lǎozi　　　　帘子 liánzi　　　　　扣子 kòuzi

性子 xìngzi　　　　刷子 shuāzi　　　　裤子 kùzi　　　　　　稿子 gǎozi

头子 tóuzi　　　　轮子 lúnzi　　　　　钩子 gōuzi　　　　　兔子 tùzi

台子 táizi　　　　　锭子 dìngzi　　　　爪子 zhuǎzi　　　　毯子 tǎnzi

笛子 dízi　　　　　路子 lùzi　　　　　　柜子 guìzi　　　　　裙子 qúnzi

珠子 zhūzi　　　　靴子 xuēzi　　　　　老婆子 lǎopózi　　鸽子 gēzi

膀子 bǎngzi　　　　银子 yínzi　　　　　乱子 luànzi　　　　耗子 hàozi

崽子 zǎizi　　　　　曲子 qǔzi　　　　　片子 piānzi　　　　饺子 jiǎozi

豆子 dòuzi　　　　池子 chízi　　　　　梆子 bāngzi　　　　苇子 wěizi

桃子 táozi　　　　扇子 shànzi　　　　句子 jùzi　　　　　　点子 diǎnzi

骗子 piànzi

　　注：以上加＊的轻声词，在普通话中是否读作轻声有意义上的差别。

第三节　儿化

一、儿化的含义

普通话以北方话为基础方言。儿化现象则是北方话的特点之一，它主要由词尾"儿"变化而来。词尾"儿"本是一个独立的音节，由于在口语中处于轻读的地位，长期与前面的音节流利地连读而产生音变，"儿"(er)失去了独立性，"化"到前一个音节上，只保持一个卷舌动作，使两个音节融合成为一个音节，前面音节里的韵母或多或少地发生变化，这种语音现象就是"儿化"。我们把这种带有卷舌色彩的韵母称作"儿化韵"。

二、儿化的作用

普通话"儿化"的作用主要有以下几种：

(1)表示温和、喜爱的感情色彩。例如，"花猫儿""女孩儿""好玩儿""慢慢儿"。

(2)形容细小、轻微的状态和性质。例如，"火柴棍儿""小鱼儿""门缝儿""一会儿""没事儿"。

(3)确定词性。兼作动词、名词或兼作形容词、名词的词，儿化后确定为名词词性。例如，"盖儿""画儿""尖儿""准儿"。

(4)区别词义。例如，"头"(脑袋)，"头儿"(带头的、领导人)；"白面"(面粉)，"白面儿"(白色粉末或指毒品海洛因)。

少数带词尾"儿"的词不读作儿化，或者在文艺作品中起某种修辞作用，"儿"独立为一个音节，读成"次轻音"。例如，"女儿""月儿""云儿""蚕儿"。在对仗整齐的诗歌或词语的节律中需要占一个音节的时候，"儿"不读儿化。例如，"花儿朵朵向阳开"。

三、儿化的音变规则

儿化音变的基本性质是使一个音节的主要元音带上卷舌色彩(-r是儿化韵的形容性符号，不把它作为一个音素看待)。儿化的音变条件取决于韵腹元音是否便于发生卷舌动作。

(1)无韵尾或u韵尾的韵母，儿化时只加卷舌动作。例如，"小车儿""小鸟儿"。

(2)有-i、-n韵尾的韵母，儿化卷舌时韵尾丢失，有的改变韵腹或增音。例如，"一块儿""一点儿""没准儿""背心儿"。

(3)高元音韵母 i、ü，儿化时加央元音[ə]。例如，"小鸡儿""有趣儿"。

(4)舌尖元音韵母[ɿ][ʅ]，儿化时变成央元音[ə]。例如，"瓜子儿""树枝儿"。

(5)-ng韵尾的韵母，儿化卷舌时韵尾丢失，元音鼻化，有i韵腹的要加[ə]。例如，"帮忙儿""花瓶儿"。

四、儿化韵的实际发音

普通话39个韵母，除本身已是卷舌韵母的er外，理论上都可以儿化。但口语中韵母ê只出现在叹词中，未见儿化词；韵母 o 只出现在 bo、po、mo、fo 中，bo、po、mo、fo 后的 o 实际是 uo 拼写上的省略，可以不另列为一类。因此，实际只有 36 个韵母可以儿化。儿化韵的实际发音可以分为以下 3 大类。

(1)主要元音读作 ar[ɐr]。如果丢掉韵尾，加上韵头成为 ar、iar、uar、üar 四种形式。注：为了对比方便，把儿化前的韵母称作"原形韵母"。例词前为原形韵母，下同。

ar		iar	
a	刀把儿 dāobàr	ia	豆芽儿 dòuyár
ai	小孩儿 xiǎoháir	uai	一块儿 yíkuàir
an	笔杆儿 bǐgǎnr	ian	一点儿 yìdiǎnr
ang	帮忙儿 bāngmángr	iang	唱腔儿 chàngqiāngr
uar		üar	
ua	花儿 huār	üan	圆圈儿 yuánquānr
uan	玩儿 wánr		
uang	蛋黄儿 dànhuángr		

◁)) 小贴士

ang、iang、uang 儿化后-ng 丢掉，主要元音鼻化，舌位稍稍偏后。

(2)主要元音读作 er[ər]，或者加上 er。如果丢掉韵尾，加上韵头成为 er、ier、uer、üer 四种韵母形式。

er		ier	
ei	椅子背儿 yǐzībèir	ie	小街儿 xiǎojiēr
en	窍门儿 qiàoménr	i	小鸡儿 xiǎojīr
eng	板凳儿 bǎndèngr	in	脚印儿 jiǎoyìnr
		ing	电影儿 diànyǐngr
		-i(前)	棋子儿 qízǐr
			铁丝儿 tiěsīr
		-i(后)	没事儿 méishìr
			树枝儿 shùzhīr
uer		üer	
uei	麦穗儿 màisuìr	ue	木橛儿 mùjuér
uen	花纹儿 huāwénr		
		ü	金鱼儿 jīnyúr
		ün	红裙儿 hóngqúnr

知识延伸

　　主要元音是 i、ü 的韵母儿化后是在原韵母后加上 er，读儿化韵时 i、ü 仍然是主要元音，不能当作韵头（介音），要读得长些，可以描写为 i：er、ü：er。注意体会"小鸡儿"ji：er 与"小街儿"jier 的读音差别。

　　ie、üe 儿化后主要元音受前元音的影响变为稍稍偏前的卷舌央元音。

　　eng、ing 儿化后带有鼻化音。

　　(3)主要元音读作 ur 或带韵尾 ur。带韵尾-u(-o)的韵母读作-ur[ʊr]或[ɔr]。ao、iao、ou、iou 四个韵母儿化时，韵尾保留，而且从主要元音向韵尾-u(-o)方向滑动的全过程中都带有卷舌动作。ao、iao 儿化时，一般只滑到[ɔ]。

ur		-ur	
u	白兔儿 báitùr	ao	草稿儿 cǎogǎor
ong	小虫儿 xiǎochóngr	iao	小鸟儿 xiǎoniǎor
iong	小熊儿 xiǎoxióngr	ou	小猴儿 xiǎohóur
		iou	打球儿 dǎqiúr

除了这 3 大类外，没有概括进来的还有 2 个韵母。

uor　　干活儿 gànhuór　　　山坡儿 shānpōr

er　　山歌儿 shāngēr

五、儿化韵和儿化词的发音练习

　　为了方便练习，下面列出每个原形韵母及相应的儿化韵。符号">"之前的是原形韵母，之后的为该韵母变化后的儿化韵，并用国际音标描写出儿化后这个韵母的实际发音。列出的儿化词逐一按汉语拼音的拼写规则注音。

a＞ar[ʌr]

那儿 nàr	哪儿 nǎr	把儿 bàr
碴儿 chár	刀把儿 dāobàr	话把儿 huàbàr
号码儿 hàomǎr	价码儿 jiàmǎr	在哪儿 zàinǎr
找茬儿 zhǎochár	打杂儿 dǎzár	板擦儿 bǎncār

ai＞air[ɐr]

带儿 dàir	盖儿 gàir	名牌儿 míngpáir
鞋带儿 xiédàir	窗台儿 chuāngtáir	壶盖儿 húgàir
小孩儿 xiǎoháir	女孩儿 nǚháir	男孩儿 nánháir
加塞儿 jiāsāir		

an＞anr[ɐr]

坎儿 kǎnr	快板儿 kuàibǎnr	腰板儿 yāobǎnr
老伴儿 lǎobànr	蒜瓣儿 suànbànr	脸盘儿 liǎnpánr
脸蛋儿 liǎndànr	收摊儿 shōutānr	栅栏儿 zhàlanr
包干儿 bāogānr	白干儿 báigānr	笔杆儿 bǐgǎnr

光杆儿 guānggǎnr   门槛儿 ménkǎnr

ang＞angr[ɑ̃r]

帮忙儿 bāngmángr   药方儿 yàofāngr   赶趟儿 gǎntàngr

香肠儿 xiāngchángr   瓜瓤儿 guārángr

ia＞iar[iʌr]

掉价儿 diàojiàr   一下儿 yíxiàr   豆芽儿 dòuyár

纸匣儿 zhǐxiár

ian＞ianr[iɐr]

片儿 piànr   沿儿 yánr   燕儿 yànr

小辫儿 xiǎobiànr   照片儿 zhàopiānr   扇面儿 shànmiànr

差点儿 chàdiǎnr   一点儿 yìdiǎnr   雨点儿 yǔdiǎnr

有点儿 yǒudiǎnr   聊天儿 liáotiānr   拉链儿 lāliànr

冒尖儿 màojiānr   坎肩儿 kǎnjiānr   牛角尖儿 niújiǎojiānr

牙签儿 yáqiānr   露馅儿 lòuxiànr   心眼儿 xīnyǎnr

iang＞iangr[iɑ̃r]

鼻梁儿 bíliángr   娘儿(俩)niángr(liǎ)   透亮儿 tòuliàngr

花样儿 huāyàngr   看样儿 kànyàngr   像样儿 xiàngyàngr

好样儿(的)hǎoyàngr(de)

ua＞uar[uʌr]

画儿 huàr   脑瓜儿 nǎoguār   大褂儿 dàguàr

麻花儿 máhuār   笑话儿 xiàohuar   牙刷儿 yáshuār

uai＞uair[uɐr]

一块儿 yíkuàir

uan＞uanr[uɐr]

茶馆儿 cháguǎnr   饭馆儿 fànguǎnr   火罐儿 huǒguànr

猪倌儿 zhūguānr   落款儿 luòkuǎnr   打转儿 dǎzhuànr

拐弯儿 guǎiwānr   好玩儿 hǎowánr   撒欢儿 sāhuānr

大腕儿 dàwànr

uang＞uangr[uɑ̃r]

相框儿 xiàngkuàngr   蛋黄儿 dànhuángr   打晃儿 dǎhuàngr

天窗儿 tiānchuāngr

üan＞üanr[yɐr]

烟卷儿 yānjuǎnr   手绢儿 shǒujuànr   出圈儿 chūquānr

包圆儿 bāoyuánr   人缘儿 rényuánr   绕远儿 ràoyuǎnr

杂院儿 záyuànr

ei＞eir[ər]

刀背儿 dāobèir   椅子背儿 yǐzibèir   摸黑儿 mōhēir

倍儿(棒)bèir(bàng)

en＞enr[ər]

老本儿 lǎoběnr　　花盆儿 huāpénr　　嗓门儿 sǎngménr

把门儿 bǎménr　　调门儿 diàoménr　　串门儿 chuànménr

哥们儿 gēmenr　　纳闷儿 nàmènr　　后跟儿 hòugēnr

高跟儿 gāogēnr　　压根儿 yàgēnr　　别针儿 biézhēnr

一阵儿 yízhènr　　走神儿 zǒushénr　　大婶儿 dàshěnr

杏仁儿 xìngrénr　　刀刃儿 dāorènr

小人儿（书）xiǎorénr（shū）

eng＞engr[ə̃r]

钢镚儿 gāngbèngr　　夹缝儿 jiāfèngr　　板凳儿 bǎndèngr

脖颈儿 bógěngr　　八成儿 bāchéngr　　提成儿 tíchéngr

麻绳儿 máshéngr

ie＞ier[iɛr]

锅贴儿 guōtiēr　　半截儿 bànjiér　　小街儿 xiǎojiēr

一些儿 yìxiēr　　小鞋儿 xiǎoxiér

üe＞üer[yɛr]

旦角儿 dànjuér　　主角儿 zhǔjuér　　木橛儿 mùjuér

uei＞ueir[uər]

跑腿儿 pǎotuǐr　　一会儿 yíhuìr　　这会儿 zhèhuìr

多会儿 duōhuìr　　耳垂儿 ěrchuír　　墨水儿 mòshuǐr

围嘴儿 wéizuǐr　　烟嘴儿 yānzuǐr　　走味儿 zǒuwèir

洋味儿 yángwèir

uen＞uenr[uər]

一准儿 yìzhǔnr　　打盹儿 dǎdǔnr　　胖墩儿 pàngdūnr

屁股蹲儿 pìgudūnr　　砂轮儿 shālúnr　　三轮儿 sānlúnr

冰棍儿 bīnggùnr　　光棍儿 guānggùnr　　没准儿 méizhǔnr

开春儿 kāichūnr

i＞ir[iər]

针鼻儿 zhēnbír　　垫底儿 diàndǐr　　肚脐儿 dùqír

玩意儿 wányìr　　没好气儿 méihǎoqìr

in＞inr[iər]

有劲儿 yǒujìnr　　卖劲儿 màijìnr　　一个劲儿 yígejìnr

一股劲儿 yìgǔjìnr　　胡琴儿 húqinr　　送信儿 sòngxìnr

脚印儿 jiǎoyìnr

ing＞ingr[iə̃r]

零儿 língr　　花瓶儿 huāpíngr　　打鸣儿 dǎmíngr

图钉儿 túdīngr　　门铃儿 ménlíngr　　眼镜儿 yǎnjìngr

蛋清儿 dànqīngr　　火星儿 huǒxīngr　　人影儿 rényǐngr

ü>ür[yɚ]

毛驴儿 máolǘr　　　蛐蛐儿 qūqur　　　小曲儿 xiǎoqǔr

金鱼儿 jīnyúr　　　痰盂儿 tányúr

ün>ünr[yɚ]

合群儿 héqúnr　　　花裙儿 huāqúnr

-i(前)>ir[ɚ]

瓜子儿 guāzǐr　　　铜子儿 tóngzǐr　　　石头子儿 shítouzǐr

没词儿 méicír　　　毛刺儿 máocìr　　　挑刺儿 tiāocìr

-i(后)>ir[ɚ]

侄儿 zhír　　　墨汁儿 mòzhīr　　　锯齿儿 jùchǐr

记事儿 jìshìr　　　没事儿 méishìr　　　年三十儿 niánsānshír

e>er[ɣr]

这儿 zhèr　　　个儿 gèr　　　嗝儿 gér

模特儿 mótèr　　　逗乐儿 dòulèr　　　唱歌儿 chànggēr

挨个儿 āigèr　　　打嗝儿 dǎgér　　　饭盒儿 fànhér

在这儿 zàizhèr　　　下巴颏儿 xiàbakēr

u>ur[ur]

主儿 zhǔr　　　碎步儿 suìbùr　　　没谱儿 méipǔr

媳妇儿 xífur　　　纹路儿 wénlùr　　　手鼓儿 shǒugǔr

泪珠儿 lèizhūr　　　有数儿 yǒushùr　　　梨核儿 líhúr

煤核儿 méihúr　　　身子骨儿 shēnzigǔr　　　指头肚儿 zhǐtoudùr

ong>ongr[ũr]

空儿 kòngr　　　果冻儿 guǒdòngr　　　门洞儿 méndòngr

胡同儿 hútòngr　　　抽空儿 chōukòngr　　　酒盅儿 jiǔzhōngr

小葱儿 xiǎocōngr　　　萤火虫儿 yínghuǒchóngr

iong>iongr[yə̃]

小熊儿 xiǎoxióngr

ao>aor[aur]

着儿 zhāor　　　红包儿 hóngbāor　　　灯泡儿 dēngpàor

半道儿 bàndàor　　　小道儿 xiǎodàor　　　走道儿 zǒudàor

手套儿 shǒutàor　　　跳高儿 tiàogāor　　　好好儿 hǎohāor

符号儿 fúhàor　　　口罩儿 kǒuzhàor　　　绝招儿 juézhāor

口哨儿 kǒushàor　　　早早儿 zǎozǎor　　　蜜枣儿 mìzǎor

一股脑儿 yìgǔnǎor

iao>iaor[iaur]

鱼漂儿 yúpiāor　　　火苗儿 huǒmiáor　　　跑调儿 pǎodiàor

面条儿 miàntiáor　　　小鸟儿 xiǎoniǎor　　　豆角儿 dòujiǎor

开窍儿 kāiqiàor

ou＞our[our]

兜儿 dōur	猴儿 hóur	衣兜儿 yīdōur
年头儿 niántóur	老头儿 lǎotóur	两头儿 liǎngtóur
小偷儿 xiǎotōur	炕头儿 kàngtóur	个头儿 gètóur
头头儿 tóutour	两口儿 liǎngkǒur	门口儿 ménkǒur
纽扣儿 niǔkòur	线轴儿 xiànzhóur	小丑儿 xiǎochǒur
高手儿 gāoshǒur	加油儿 jiāyóur	

iou＞iour[iour]

顶牛儿 dǐngniúr	蜗牛儿 wōniúr	一溜儿 yíliùr
抓阄儿 zhuājiūr	打球儿 dǎqiúr	棉球儿 miánqiúr

uo＞uor[uor]

朵儿 duǒr	座儿 zuòr	蝈蝈儿 guōguor
火锅儿 huǒguōr	做活儿 zuòhuór	大伙儿 dàhuǒr
饭桌儿 fànzhuōr	邮戳儿 yóuchuōr	小说儿 xiǎoshuōr
被窝儿 bèiwōr	酒窝儿 jiǔwōr	心窝儿 xīnwōr
大家伙儿 dàjiāhuǒr	末儿 mòr	土坡儿 tǔpōr
粉末儿 fěnmòr	耳膜儿 ěrmór	

第四节　语气词"啊"的音变

　　语气词"啊"单独的读音是 a[A]，通常出现在句末或句中的停顿处，表示语气缓和，增加感情色彩。由于"啊"总是在其他音节之后读作轻声，因此，常跟前面音节末尾的音素连读产生音变。

　　(1)当前面一个音节末尾的音素是 a、o、e、ê、i、ü 时，"啊"变读为 ya[iA]，汉字写为"啊"或"呀"。

　　例如：千万注意啊！Qiānwàn zhùyì ya!

　　　　　真可爱啊！Zhēn kě'ài ya!

　　　　　好大的雨啊！Hǎo dà de yǔ ya!

　　　　　是他啊！Shì tā ya!

　　　　　真多啊！Zhēn duō ya!

　　　　　这是什么车啊！Zhè shì shénme chē ya!

　　　　　大家一起学啊！Dàjiā yìqǐ xué ya!

　　(2)当前面一个音节末尾的音素是 u 时，"啊"变读为 wa[uA]，汉字写为"啊"或"哇"。

　　例如：身上这么多土啊！Shēnshàng zhème duō tǔ wa!

　　　　　在哪儿住啊？Zài nǎr zhù wa?

　　　　　大家跳啊！Dàjiā tiào wa!

　　　　　这是金丝猴啊！Zhè shì jīnsīhóu wa!

（3）当前面一个音节的韵母是舌尖后元音-i[ʅ]、卷舌元音 er，或者是儿化韵时，"啊"读 ra[ʐA]，汉字只能写为"啊"。

例如：这是一件大事啊！Zhè shì yí jiàn dàshì ra!

我的好女儿啊！Wǒ de hǎo nǚ'ér ra!

快开门儿啊！Kuài kāiménr ra!

（4）当前面一个音节的韵母是舌尖前元音-i[ɿ]时，"啊"读[zA]，汉字只能写为"啊"。（注：[z]是个舌尖前浊擦音。）

例如：孩子啊！Háizi [z]a!

去过几次啊？Qù guò jǐ cì [z]a?

他五十四啊！Tā wǔshísì [z]a!

（5）当前面一个音节末尾的因素是 n 时，"啊"读 na[nA]，汉字写为"啊"或"哪"。

例如：大家加油干啊！Dàjiā jiāyóu gàn na!

怎么办啊？Zěnmebàn na?

这么沉啊！Zhème chén na!

（6）当前面一个音节末尾的因素是 ng 时，"啊"读 nga[ŋA]，汉字只能写为"啊"。

例如：弟兄们，冲啊！Dìxiōngmen, chōng nga!

大家唱啊！Dàjiā chàng nga!

她弹的电子琴多好听啊！Tā tán de diànzǐqín duō hǎotīng nga!

📝 知识巩固

　　变调是汉语方言里普遍存在的语音现象，普通话也有这种现象。一般来说，音节与音节相连都会或多或少地产生声调的变化，普通话语音教学只分析、掌握最明显的变调现象，其中"两字组""三字组"的变调是学习的重点。

　　普通话里的两字组（即两个音节相连）可以有 16 种声调组合方式。词语中重读音节一般不会变调。

　　普通话里三字组可以有 64 种声调组合方式，除三个上声相连外，受轻重音格式的影响，末尾的音节一般都保持原有的调型。开头的音节一般按两字组的变调规律变调，中间的音节受前后音节的影响而发生变调。

　　叠字形容词的变调分为 AA 式、ABB 式、AABB 式的变调。

　　轻声是一种特殊的变调现象。普通话的轻声现象与轻重音有密切关系。普通话的轻重音可分为重音、中音、次轻音、最轻音四个等级。

　　普通话词的主要轻重音格式可分为单音节词的轻重音格式、双音节词的轻重音格式、三音节词的轻重音格式、四音节词的轻重音格式。

　　普通话以北方话为基础方言，儿化现象则是北方话的特点之一，它主要由词尾"儿"变化而来。儿化音变的基本性质是使一个音节的主要元音带上卷舌色彩。

　　由于"啊"总是在其他音节之后读作轻声，因此常跟前面音节末尾的音素连读产生音变。

复习与思考

1. 描述上声的调值，简单说明上声变调产生的条件。

2. 试比较"骑马"与"起码"、"埋马"与"买马"、"油井"与"有井"的发音，体会两个上声相连前面上声的变调。

3. 普通话中词有哪些轻重音格式？轻声出现在哪种轻重音格式中？

4. 从声学的语音四要素分析，轻声主要表现出哪些特性？

5. 简单说明儿化的音变规则。

6. 体会"鱼儿"与"裙儿"、"些儿"与"心儿"、"歌儿"与"根儿"读作儿化音时的不同。

7. 说明儿化的作用，并各举出 3 个儿化词。

8. 给下列句子中"啊"的音变注音。

天啊！

快走啊！

没有事儿啊！

你倒是去啊！

好大的锅啊！

谁啊？他啊！

今天你值日啊！

思政园地 ★

我国人民广播事业的第一位著名男播音员

齐越是我国老一辈播音艺术家，是我国人民广播事业的第一位男播音员，是新中国广播事业奠基人之一，是新中国第一位播音专业教授、播音专业硕士生导师。他一生心系祖国和人民，品德高尚，一身正气，在事业上兢兢业业、勤勤恳恳，为培养新一代播音员挥洒了辛勤的汗水，为我国的播音主持事业贡献了毕生的精力，同时也留下了大量优秀的播音作品。他在几十年的广播工作中，传达着党和政府的庄严宣告，诉说着人民的声音。这声音，有着一种特殊的魅力，他用深情吸引听众，打动人心，给人启迪。正如他自己所说："我是中国人民的播音员、中国共产党的播音员。我传达的是中国人民战胜艰难险阻走向胜利的声音，我传达的是中国共产党的堂堂正正的真理之声。我引以自豪。"

（资料来源：中国新闻网，2021 年 7 月 6 日，有改动）

讨论：

1. 从材料中，你学到了什么？

2. 你怎么理解齐越的这种精神？

第七章
综合训练

本章导读

如果要提高普通话水平，仅仅有理论性的东西是远远不够的，必须多做全方位的普通话综合训练。普通话综合训练应从以下两个方面入手：一是做好朗读训练；二是有针对性地做好说话训练。

学习目标

1. 了解朗读训练的基本知识。
2. 了解说话训练的基本知识。

第一节 朗读训练

一、朗读的意义与要求

(一)朗读的意义

朗读就是用清晰、响亮的声音把文章念出来，把诉诸视觉的、静止的书面语言转化为生动、形象的有声语言的艺术再创造，是一门自成体系的语言艺术。它具有以下几个方面的意义。

第一，朗读是一个享受美、提高审美能力的过程。朗读可以使朗读者在得到美的艺术享受和熏陶的同时，加深对朗读篇目的形象感受和对内容主题的理解，进而提高朗读者感受美的能力。

第二，朗读是普通话正音训练的继续。朗读能够使朗读者将所学习的关于普通话的语音知识和技能在朗读实践中融会贯通起来，使这些知识和技能得到深化和巩固。

第三，朗读是普通话口语训练的开始。口语表达是把内部语言转换为外部有声语言，是一个复杂的心理过程。而朗读是把有关作品(文章)的书面语言转换为有声语言，且由于朗读中的"转换"有现成的材料，有文字依托，看得见、摸得着，因此便于开口、便于操作，是口语训练初级阶段最为理想的形式。同时，朗读中的正音变调、表情达意及其他技能技巧，也都能够提高口语表达能力。

🔊 小贴士

练好普通话的小经验：第一，弄清字词的正确读音，如有些字必须分清前鼻音、后鼻音，分清声母"l、n"的发音；第二，多听，多听教材里的录音，多听那些标准的发音；第三，多读，读得多了，也就熟练了；第四，要有耐心和决心，每天坚持练习，最好去买本普通话练习的书籍，特别是要克服自己的口音问题；第五，在和别人对话的过程中，少用或不用方言，坚持说普通话，对话的过程中，刚开始说话的节奏可以慢一些，尽可能地把话说标准、说清楚。

(二)朗读的要求

1. 读准语音

朗读好一篇作品，读准语音是最基本的要求。普通话朗读，不仅要求做到不漏字、不改字、不填字等，还要注意变调、儿化、轻声等音变现象，在语音方面要求很高。在朗读过程中要注意以下问题：

(1)使用普通话语音。注意普通话与方言在语音上的差异，并找出规律进行纠正，多查字典、词典，熟悉字音、声调，加强记忆，反复练习，并注意儿化和轻声现象。

(2)注意音变现象。普通话语音中有很多受相邻音节的影响，其声调、读音发生变化，要熟练掌握这些音变的规律，在朗读过程中才能避免错读。常见的音变现象有变调、轻声、儿化以及语气词"啊"的变读。

(3)读准多音多义字。汉语里有很多多音多义字，在朗读的过程中要注意根据语境来确定读音。例如，"和"字，在"和平"里读"hé"，在"唱和"里读"hè"，在"和面"里读"huó"，在"和弄"里读"huò"。

（4）读准形近字。汉语里有很多形近字，不能根据偏旁来读。例如，"鞭笞"中的"笞"（chī），不能读作"台"（tái）。

（5）注意异读词的读音。普通话词汇中，称音义相同或相近但习惯上有两种或多种不同读法的词为"异读词"。为了使这些读音规范，国家从 20 世纪 50 年代就组织了普通话审音委员会，对普通话异读词的读音进行了审定。历经了几十年，几易其稿。1985 年，国家公布了《普通话异读词审音表》（以下简称为《审音表》），要求全国文教、出版、广播及其他部门、行业所涉及的普通话异读词的读音、标音，均以这个《审音表》为准。在使用《审音表》的时候，最好是对照着工具书（如《新华字典》《现代汉语词典》等）来看。先看某个字的全部读音、义项和用例，然后再看《审音表》中的读音和用例。比较以后，如发现两者有不合之处，一律以《审音表》为准。这样就达到了规范读音的目的。

2. 做好朗读的准备

朗读必须在有准备的情况下进行。朗读的准备包括分析和理解作品，具体感受作品，了解对象，扫清文字障碍，对文章部分片段注上技巧符号，以作朗读提示。其中，分析、理解和感受作品尤为重要。朗读的准备主要有以下几点：

（1）掌握作品的主题。主题就是作品的中心思想。掌握作品的主题，有利于朗读者把握作品的精神实质。

（2）了解作品的背景。作品背景包括作品内容的历史背景、作品完成的写作背景及所处的朗读背景，尤以朗读背景为分析和理解的重点。分析时，要紧密联系作品，有针对性地抓主流、抓本质。

（3）分析作品结构层次。层次是作品的结构和布局，自然段是作品结构的基本单位。要从朗读出发对自然段做进一步的整理，整理的方法有归并和划分两种：归并是把内在联系比较紧密的段落合为一个层次，或把内在联系比较紧密的层次合为一个部分；划分是把一个自然段里的内容分成几个小层次，层次的整理有利于朗读者对作品发展脉络的把握。归并利于朗读者把握整体，划分利于朗读者体味局部。

（4）掌握作品的重点。作品中表现主题最集中、最典型的地方，体现目的最有力、最生动的地方，抒发感情最凝聚、最浓厚的地方，感染听众最直接、最恰当的地方，都属于重点。

（5）明确朗读的目的。朗读的目的是指朗读一篇作品时旨在实现的意义和作用。明确、富有感染力的目的，是贯穿朗读全过程的红线，不可忽视。

（6）确定朗读作品的基调。基调是作品总的感情色彩的分量。基调是分析理解的结果，是思想感情与具体作品内容相融会的结晶，是总体稳定和局部变化的统一，也是理解与表达的统一。基调往往是复合的，如岳飞的《满江红》，基调是凝重的，也是豪放的。

（7）具体感受作品。为了使朗读更富有感情，朗读者应该通过想象，具体感受作品。朗读感受是把思维引向情感的桥梁，通过感受作品，听众可以把文字词语还原成客观事物，把作者的"笔下物"变成听众的"心中物"。

3. 正确使用朗读语言

朗读使用的语言必须是真实的生活语言，但又不能用"拉家常"式的自然语言。朗读使用的语言应比自然语言更规范、更典型、更生动、更具美感。朗读使用的语言若过分夸张，会给人以虚伪的感觉，过分平淡则会显得乏味、无彩。

4. 掌握好朗读者的身份

朗读者的任务是把文字作品的精神实质，通过自己的有声语言，创造性地传播给听众。因此，朗读者的身份只能是朗读者自己。朗读者既不完全是文字作品的代表或化身，更不是充当演员去扮演作者或作品中的人物(分角色朗读除外)。

5. 忠于原作品

朗读要忠于原作品，做到不丢字、不添字、不改字、不错读字音。要读得连贯自然，不结巴、不重复。

6. 把握好语速，做到速度适当

朗读语速过快或过慢，会使朗读失去韵味，也无法施展朗读的技巧。朗读时，要根据作品内容的变化调整语速。一般而言，紧张、愉快的内容要读得稍快一些，深沉的内容要读得稍慢一些，叙述描写性的内容宜用中等速度。

7. 字正腔圆，声音洪亮

朗读时情绪要饱满，态度要认真。要掌握好呼吸，运足气力，调整好节奏，充分发挥喉、咽、口、鼻、胸的作用，使读出的字音正确、圆润、响亮。

8. 避免五种朗读方式

朗读时避免以下五种朗读方式：

(1)念字式：这是一种单纯念字、照字读音的朗读方式，或有字无词，或有词无句，声调平直或任意高低，顿连位置和时间都差不多，没有重音，没有内在感受，更谈不上语气和色彩，只是机械地把文字变成声音。采用这种方式朗读会使听众很难听懂"朗读"的内容。

(2)念经式：这种方式的特点是声音小而速度快，没有顿歇，没有起伏，没有重音，更谈不上感情和声音上的变化。

(3)固定式：这种方式过分强调作品的体裁，把同一体裁的作品，无论内容如何，都用一种腔调读，以"不变的声调格式"去应"万变的作品内容"，形成"千篇一调"。

(4)演戏式(分角色朗读除外)：这是一种朗读者自己充当作品中的角色，根据角色的不同，变换朗读的方式。朗读和戏剧表演是有本质区别的。朗读者的任务是以朗读者自己的身份讲述作品中的人、事、物、理，评述作品中人物的是与非。朗读者与表演者的区别之一在于前者不是再现作品中人物是"怎样说"的，而是强调他"说了些什么"，以挖掘语句的实质和目的。

(5)八股式：这是一种不从作品内容出发，只刻意追求声音形式的朗读方式。其特点是腔调固定，声音前高后低或前低后高，节奏前紧后松或前松后紧，顿连千篇一律，呆板单调，没有语气变化。

二、朗读的技巧

(一)停连

停连是指朗读语流中声音的中断和连接。停即停顿，指句子内部、句子之间、段落之间声音的间歇；连，即连接，指那些不中断、不休止的地方(特别在有标点符号而不中断、不休止的地方)。停连可分为语法停连和强调停连两类。

1. 语法停连

语法停连是反映词句间的语法关系，显示语法结构的停连。例如：

亲爱的爸爸妈妈/欢迎您！

亲爱的爸爸/妈妈欢迎您！

亲爱的/爸爸妈妈欢迎您！

停连的位置不同，显示的语法关系和结构也不相同。语法停连又可分为句读停连和语组停连两种。

(1)句读停连是依照标点符号所做的停连。标点符号是书面语的重要组成部分，在朗读中则用停顿来表示，这种停顿时间的长短，一般由标点符号的类型决定。常用的标点符号停顿时间大致是：句号、问号、叹号＞分号、冒号＞逗号＞顿号。例如：

山是墨一般的黑，//陡立着，//倾向江心，仿佛就要扑跌下来；///而月光，//从山顶上，//顺着深深的、/直立的谷壑，//把它那清冽的光辉，//一直泻到江面。////……

标点符号虽是停顿的重要标志，但也不能生搬硬套，要根据语意的表达和语气的需要灵活处理。(注：斜线的多少表示停顿时间的长短，斜线多，则停顿的时间长；反之，停顿的时间短。下同。)

(2)语组停连是指在没有标点符号的地方，按照语法关系所做的停顿。语组停顿比句读停顿的时间要短一些。一般说来，主谓之间、动宾之间、修饰成分与中心语之间，都可以有停顿。例如：

海/翻了个身似的，泼天的/大雨，将要/洗干净/太阳上的/白翳。

夕阳/把水面/映得/通红，把天空/也染成/万道影霞。

2. 强调停连

强调停连是为了突出某种事物或表达某种特殊感情所作的停连。它不受语法停连的限制，而是依据表情达意的需要来决定停连的位置和时间。它既可表示某种特殊的语意，还能显现出它与前后连接部分的某种特殊的关系。例如：

A. 第二天清晨，这个小女孩坐在墙角里，两腮通红，嘴角上带着微笑。她//死了，在旧年夜/冻//死了。

B. 白荷花在这些大圆盘之间冒出来，有的/才展开两三片花瓣儿，有的/花瓣儿全都展开了，露出嫩黄色的小莲蓬，有的/还是花骨朵儿，看起来饱胀得马上要破裂似的。

C. 花鸟草虫，凡是上得画的，那原物往往也叫人喜爱。蜜蜂是画家的爱物，我/却总不太喜欢。

例 A 中的几处停顿，表示了一种特殊的寓意，即对那个黑暗、不平等社会的强烈愤恨及对小女孩的同情和爱怜，颇有点"此处无声胜有声"的意味。例 B 的三处强调停连显示出了三个短句之间的并列关系。例 C 的停连则显现出前后部分在语意上的转换关系。

在很多情况下，语法停连和强调停连不是截然分开的，它们往往重叠在一起。例如：

生活，//也/一如/波涛汹涌的/大海，//有汐/也有潮。

上例中的两处"//"停连，既是语法停连，也是强调停连，前者起突出语意的作用，后者显示了前后语句间的呼应关系。

3. 停连的方式

从语句的停顿和连续来看，主要有以下四种方式。

(1)抑停：停顿时间相对较长，句尾声音顺势而落，声止气也尽。这种停顿多用在讲究一个相对完整的意思之后，句读停顿中多用在句号、问号、感叹号处。

(2)扬停：停顿时间相对较短，停之前声音稍上扬或持平，声虽止但气未尽。在语组停顿中，多用在一个意思还未说完，而中间又需要停顿之处。在句读停顿中，多用在分号、逗号、顿号处。

(3)直连：顺势而下，连接迅速，不露痕迹。多用于内容联系紧密、持续抒发感情的地方，一般与扬停配合使用。

(4)曲连：在连接处有一定间隔，但又连环相接，迂回向前。多用于既要连接，又要有所区分处，常与抑停配合使用。

停连与换气有着很密切的关系。一般来说，抑停处为大气口，可以换气；扬停处为小气口，可以偷气。但也不能一概而论，有停顿处并非都要换气，一切都要根据表情达意的需要来决定。

［训练］

（1）朗读下列文字，注意处理好语法停连。

海水是皎洁无比的蔚蓝色，海波平稳得如春晨的西湖一样，偶有微风，只吹起了绝细绝细的千万个粼粼的小皱纹，这更使照晒于初夏之太阳光之下的、金光灿烂的水面显得温秀可喜。我没有见过那么美的海！天上也是皎洁无比的蔚蓝色，只有几片薄纱似的轻云，平贴于空中，就如一个女郎，穿了绝美的蓝色夏衣，而颈间却围绕了一段绝细绝轻的白纱巾。我没有见过那么美的天空！我们倚在青色的船栏上，默默地望着这绝美的海天；我们一点杂念也没有，我们是被沉醉了，我们是被带入晶莹的天空中了。

——节选自郑振铎《海燕》

（2）朗读下列文字，根据表情达意的需要，确定强调停连的位置和时间，并注意停连的方式。

如若仔细地分析一下，这清晨之可爱究竟在何处呢？是这清凉，是这朝露，是这潮湿泥土的芬芳，是这云霞烂漫的宁静。是的，我想是这一切。但更重要的是，它是一个新的起点。

——节选自刘白羽《晨》

太阳已经升到树林上面。霜早已融化。晴朗淡蓝的高空万里无云，像冰一般地澄澈。被潮湿的金光所笼罩的树木，遮盖着大路。这一天是温暖的，不像是秋天。

——节选自法捷耶夫《毁灭》

（二）重音

重音是指朗读时为了突出主题，表达思想，抒发情感，而对语句中的某些词语的读音加以突出强调的现象，它是体现语句内容的重要手段。在朗读中，重音位置不同，语意也会随之发生变化。例如：

我知道你爱看小说。（别人不知道你爱看小说。）

我知道你爱看小说。（你不要瞒着我了。）

我知道你爱看小说。（别人爱不爱看我不知道。）

我知道你爱看小说。（爱不爱看诗歌我不知道。）

重音可分为语法重音和强调重音两类。

1. 语法重音

语法重音是由语句的结构自然表现出来的重音，这种重音有规律可循，位置也比较固定。一般在语句中，谓语和中心语的修饰成分、疑问代词和指示代词都要重读。例如：

小燕子在海面上斜掠着，浮憩着。（谓语重读）

我心里，有着说不出的兴奋和愉快。（定语重读）

船帆渐渐地远去了。（状语重读）

敌人被打得四处逃散。（补语重读）

这就是我一个共产党员的自白。（指示代词重读）

他什么也没有看见。（疑问代词重读）

2. 强调重音

强调重音是指为了突出表达某种思想感情而把语句中的某些词语加以重读的现象，又叫"感情重音"或"逻辑重音"。强调重音没有固定的位置，它是根据表达的内容和需要来确定的。强调重音有以下几种作用。

(1)突出话语重点，表明语意内容。例如，上文举例"我知道你爱看小说"，可根据表达意思的需要，确定重音的位置。

(2)表示语意的并列、对比、照应和递进等关系。例如：

A. 人们在日常谈论中，常常用与"朝气""暮气"这两个意思完全相反的字眼，评判一人一事，来说明那是生气勃勃的，还是气息奄奄的。

B. 谁是我们最可爱的人呢？我们的战士，我感到他们是最可爱的人。

C. 竹叶烧了，还有竹枝，竹枝断了，还有竹鞭，竹鞭砍了，还有深埋在地下的竹根。

例 A 中的两组重音，表现了语意上的反衬性对比，"朝气"对"暮气"，"生气勃勃"对"气息奄奄"。例 B 中的"谁"与后面的重音构成了语意上的呼应关系，说明了战士是最可爱的人。例 C 的重音从前到后，表现了一种语意上的递进关系，显示出井冈山的翠竹象征的那种坚韧不拔的革命精神。

(3)表达某种强烈的感情。例如：

A. 好个国民政府的"友邦人士"，是些什么东西！

B. 别了，我爱的中国，我全心爱着的中国。

例 A 中的几处重音，表达了作者对"友邦人士"的无比愤怒。例 B 中的重音则表现了作者离别祖国之际对祖国深深的眷恋之情。

很多情况下，语法重音与强调重音也是重合的，如例 B 中的"别了""我爱的""我全心爱着的"，既是语法重音，谓语、定语重读，又是强调重音，抒发了某种强烈的感情。

3. 重音的表现方法

重音的表现方法有很多种，常见的有以下三种情况：

(1)加强音量。即有意识地把某些词语读得重一些、响一些，使音势增强。

(2)拖长音节。即有意将重读的音节拖长一些，用延长音节的办法使重音突出。

(3)重音轻读。表现重音不一定非增加音量不可，有时用减轻音量、加强音势的方法，将重音低沉有力地轻轻吐出，效果反而会更好。一般在表达极为复杂而细腻的感情时，多用这种方法。

请看下例：

我的"自白"书

任脚下响着沉重的铁镣，

任你把皮鞭举得高高，

我不需要什么"自白"，

哪怕胸口对着带血的刺刀！

人，不能低下高贵的头，

只有怕死鬼才乞求"自由"；

毒刑拷打算得了什么？

死亡也无法叫我开口！

对着死亡我放声大笑，

魔鬼的宫殿在笑声中动摇；

这就是我——一个共产党员的"自白"，

高唱凯歌埋葬蒋家王朝。

注：".""为加强音量，"﹏"为拖长音节。

[训练]

(1)找出下面这段文字的语法重音，并朗读。

对于一个在北平住惯的人，像我，冬天要是不刮风，便觉得是奇迹；济南的冬天是没有风声的。对于一个刚由伦敦回来的人，像我，冬天要能看得见日光，便觉得是怪事；济南的冬天是响晴的。自然，在这热带的地方，日光是永远那么毒，响亮的天气，反有点叫人害怕。可是，在北中国的冬天，而能有温晴的天气，济南真得算个宝地。

——节选自老舍《济南的冬天》

(2)朗读下面两段文字，读准强调重音，并注意重音的表现方法。

我看见过波澜壮阔的大海，欣赏过水平如镜的西湖，却从没看见过漓江这样的水。漓江的水真静啊，静得让你感觉不到它在流动；漓江的水真清啊，清得可以看见江底的沙石；漓江的水真绿啊，绿得仿佛那是一块无瑕的翡翠。船桨激起的微波，扩散出一道道水纹，才让你感觉到，船在前进，岸在后移。

——节选自陈淼《桂林山水》

我的心不禁一颤：多可爱的小生灵啊！对人无所求，给人的却是极好的东西。蜜蜂是在酿蜜，又是在酿造生活；不是为自己，而是为人类酿造最甜的生活。蜜蜂是渺小的；蜜蜂却又多么高尚啊！

——节选自杨朔《荔枝蜜》

(三)语调

语调又称"语势"，是指朗读时声音升降平曲、高低起伏的变化形式，它是通过控制声带的松紧来实现的。语调由平升高、高亢激昂，称为"扬"；语调先扬后降、低沉持重，称为"抑"；语调变化较少、平缓舒展，称为"平"；语调升降频繁、起伏不定，称为"曲"。语调不同，表达的思想感情和内容也不同。一般来说，情绪高昂、满怀激情，或表示反诘、疑问、惊异、呼喊等语气时，多用上扬调；情绪低落、心情沉重，或表示肯定、坚决、悔恨、感叹等语气时，多用降抑调；作一般的叙述、说明，或表示庄重、悼念、踌躇、冷淡等语气时，多用平直调；意在言外，或表示反语、诙谐、嘲讽、夸张等语气时，则多用曲折调。例如：

当年毛委员和朱军长带领队伍下山去挑粮食，不就是用这样的扁担吗？↗(上扬调，表示反问)

盼望着，盼望着，东风来了，春天的脚步近了。↘(降抑调，表示肯定)

我家的后面有一个很大的花园，相传叫作百草园。→(平直调，表示叙述、说明)

这真是所谓"你不说我倒还明白，你越说我越糊涂了"。﹏﹏→(曲折调，揶揄语气)

语调的扬、抑、平、曲可以表现在一个句子中，也可以表现在一个句群或一个段落中。有时一个句群(或一个段落)中的几个句子由低而高，层层推进，语流声音呈阶梯式向上运行，表现出上扬的语调。例如：

朋友们，当你听到这段英雄事迹的时候，你的感想如何呢？你不觉得我们的战士是可爱的吗？你不以我们的祖国有这样的英雄而自豪吗？

[训练]

朗读下列文字，注意把握不同的语调。

在我的后园，可以看见墙外有两株树：一株是枣树，还有一株也是枣树。

——节选自鲁迅《秋夜》

一个有觉悟的工人，不管他来到哪个国家，不管命运把他抛到哪里，不管他怎样感到自己是异邦人，言语不通，举目无亲，远离祖国，——他都可以凭《国际歌》的熟悉曲调，给自己找到同志和朋友。

——节选自列宁《欧仁·鲍狄埃》

过去的日子如轻烟，被微风吹散了，如薄雾，被初阳蒸融了；我留着些什么痕迹呢？我何曾留着像游丝样的痕迹呢？我赤裸裸来到这世界，转眼间也将赤裸裸的回去罢？但不能平的，为什么偏要白白走这一遭啊？

你聪明的，告诉我，我们的日子为什么一去不复返呢？

——节选自朱自清《匆匆》

(四)语速

语速是指朗读时吐字发音的和缓与急迫程度，也就是朗读时或快或慢的速度变化。语速的缓急是表情达意的又一重要手段，一般来说，它与语言的内在节奏是一致的。语速的快慢具有相对性，大体可分为快速、中速和慢速三种：快速多用来表现兴奋、紧张、急迫和愤怒等感情；中速一般在感情起伏不大的情况下使用；慢速常用来表现庄严、沉思、平静、忧伤等感情。语速快慢若处理得当，能起到渲染环境、烘托气氛、增强艺术感染力的效果。例如：

A. 小船拼命往前摇。她们心里也许有些后悔，不该这么冒冒失失走来，也许有些怨恨那些走远了的人。但是立刻就想：什么也别想了，快摇，大船紧紧追过来了！(快速)

B. 在首都北京的中心，有一座城中之城，这就是举世闻名的紫禁城。现在人们叫它故宫，也叫故宫博物院。紫禁城是明朝和清朝的皇宫，是我国现存的最大最完整的古代宫殿建筑群，有五百多年的历史了。(中速)

C. 3月14日下午两点三刻，当代最伟大的思想家停止思想了。让他一个人留在房里还不到两分钟，等我们再进去的时候，便发现他在安乐椅上安静地睡着了——但已经是永远地睡着了。(慢速)

例A节选自孙犁的小说《荷花淀》，描写了几位青年妇女在白洋淀里遭遇鬼子时的紧张、急迫心理，语速应当较快，以烘托出紧张的气氛。例B是一段说明文，介绍了我国最大的博物院——故宫，不带明显的感情色彩，宜用中速。例C叙述了伟大革命导师马克思逝世的时间、地点和过程，语气沉重，适合用较缓慢的语速。在大段的朗读当中，应根据情节和感情的变化，几种语速交替使用，以满足内容变化的需要。在各种语速的变换中，一定要做到快慢有节、变化自然，恰当地烘托出文章的气氛。

[训练]

朗读下列短文，根据内容需要恰当处理好语速及其变换。

她的一双小手几乎冻僵了。啊，哪怕一根小小的火柴，对她也是有好处的！她敢从成把的火柴里抽出一根，在墙上擦燃了，来暖和暖和自己的小手吗？她终于抽出了一根。哧！火柴燃起来了，冒出火焰来了！她把小手拢在火焰上。多么温暖多么明亮的火焰啊，简直像一支小小的蜡烛。这是一道奇异的火光！小女孩觉得自己好像坐在一个大火炉前面，火炉装着闪亮的铜脚和铜把手，烧得旺旺的，暖烘烘的，多么舒服啊！哎，这是怎么回事呢？她刚把脚伸出去，想让脚也暖和一下，火柴灭了，火炉不见了。她坐在那儿，手里只有一根烧过了的火柴梗。

——节选自安徒生《卖火柴的小女孩》

(五)节奏

节奏是指朗读过程中由声音抑扬顿挫、轻重缓急而形成的回环往复的形式。朗读时声音的节奏必须跟所叙述内容的节奏相符合。例如，在朗读"他三步并作两步，飞快地跑过去"和"他一步一步，艰难地在雪地中爬行"时,两者内容表现的节奏不同,朗读时声音的节奏也相去甚远:前者声音较轻,使用上扬的语调,语速应快;后者声音要重,停顿较多,使用降抑的语调,语速要慢。常见的节奏类型大体有以下几种:

1. 轻快型

轻快型节奏语速较快,多扬少抑,多轻少重,声清不着力,词语密度大,有时有跳跃感,多用来描绘欢快、诙谐的情调。例如:

小草偷偷地从土里钻出来,嫩嫩的,绿绿的。园子里,田野里,瞧去,一大片一大片满是的。坐着,躺着,打两个滚,踢几脚球,赛几趟跑,捉几回迷藏。风轻悄悄的,草软绵绵的。

2. 沉稳型

沉稳型节奏语速沉缓,多抑少扬,多重少轻,音强而着力,词语密度疏,常用来表现庄重、肃穆的气氛和悲痛、抑郁的情感。例如:

灵车队,万众心相随。哭别总理心欲碎,八亿神州泪纷飞。红旗低垂,新华门前洒满泪。日理万机的总理啊,您今晚几时回?长夜无言,天地同悲,只见灵车去,不见总理归!

3. 舒缓型

舒缓型节奏语速较缓,语调较平稳,声音轻柔而不着力,常常用来描绘幽静的场面和美丽的景色,也可表现舒展的情怀。例如:

时序刚刚过了秋分,就觉得突然增加了一些凉意。早晨到海边去散步,仿佛觉得那蔚蓝的大海,比以前更加蓝了一些;天,也比以前更加高远了一些。回头向古陌岭上望去,哦,秋色更浓了。

4. 强疾型

强疾型节奏语速较快,多扬少抑,声音强劲而有力,常用来表现紧张急迫的情形和抒发激越的情怀。例如:

在苍茫的大海上,狂风卷集着乌云。在乌云和大海之间,海燕像黑色的闪电,在高傲地飞翔。

一会儿翅膀碰着波浪,一会儿箭一般地直冲向乌云,它叫喊着,——就在这鸟儿勇敢的叫喊声里,乌云听出了欢乐。

在这叫喊声里——充满着对暴风雨的渴望!……

以上四种节奏类型,只是大体的分类,每一种还可以再细分小类,这里不再一一列举。在实际的朗读过程中,一篇作品的节奏不是单一的,往往随着内容情节的变化,节奏也会发生相应改变。因此,在朗读过程中,节奏必须因文而异,切忌死板单一,一统到底。

[训练]

朗读下列短文,注意不同节奏的运用及变化。

风来了。

先是一阵轻飘飘的微风,从西北的海滩那边沙沙地掠过来,轻轻地翻起了夜行人的衣襟,戏弄着路上的枯叶。旷野里响着一片轻微的簌簌声。一会儿,风大了,路旁的高粱狂乱地摇摆着,树上的枯枝咔嚓咔嚓地断落下来。一阵可怕的啸声,从远远的旷野上响了过来,阴云更低沉了。沉雷似乎已经冲出了乌云的重重包围,喀啦喀啦像爆炸似的响着,从西北方向滚动过来。

——节选自峻青《黎明的河边》

三、各种文体的朗读要求及实例分析

(一)诗歌的朗读要求及实例分析

1. 诗歌的朗读要求

澎湃的激情、飞腾的想象、深邃的意境、和谐的韵律是诗歌的四大特征。朗读诗歌，应综合运用各种技巧进行声音造型，正确生动地再现这些特点；应从整体出发理解诗歌的思想内容，随着想象的翅膀，把握诗歌的意境和感情。要运用语调的抑扬顿挫、语气的轻重缓急、音量的强弱粗细、节奏的转换变化，把内心视像转化为富有激情的声音，达到声中有画、声情并茂的效果。同时，要运用短暂停顿分清音步，通过重音拖长突出韵脚，从而读出诗歌的节奏感和韵律美。

2.《有的人》朗读分析

(1)原文。

有的人

——纪念鲁迅有感

臧克家

有的人活着，

他已经死了；

有的人死了，

他还活着。

有的人

骑在人民头上："呵，我多伟大！"

有的人

俯下身子给人民当牛马。

有的人

把名字刻入石头，想"不朽"；

有的人

情愿做野草，等着地下的火烧。

有的人

他活着别人就不能活；

有的人

他活着为了多数人更好地活。

骑在人民头上的

人民把他摔垮；

给人民做牛马的

人民永远记住他！

把名字刻入石头的
名字比尸首烂得更早;
只要春风吹到的地方
到处是青青的野草。

他活着别人就不能活的人,
他的下场可以看到;
他活着为了多数人更好地活的人
群众把他抬举得很高,很高。

(2)朗读分析。

著名诗人臧克家《有的人——纪念鲁迅有感》这首抒情短诗,热情地歌颂了鲁迅先生一生献身革命、"俯首甘为孺子牛"的高尚情操,有力地鞭挞了那些骑在人民头上作威作福的统治者的丑恶灵魂,启示人们应当树立正确的人生观,像鲁迅那样生活、战斗。

全诗七节,可分为三层。

第一层(第一小节)是全诗的总起,指出现实生活中的两种人,并以鲜明的对比就其生命状态做出截然相反的评价。第一节一开头就以富于哲理性的精辟诗句,点明两种完全不同的生死观:一种人活着专门奴役人民,虽生犹死;一种人专为人民造福,虽死犹生。这两句诗,读时速度宜缓慢。为了加强对比,在"有的人"和"他"的后面,都应有小的停顿。前一句"死了"语调宜低沉;后一句"活着"语调应高昂,"还"字也要适当加重语气,表示坚信革命的精神不朽。

第二层(第二、三、四小节)写两种人对人民迥然不同的政治态度。第二节前一句话描画出那些骑在人民头上、骄横不可一世的人的丑相。这种人欺压人民、奴役人民,不以为耻,反以为荣。读时,"骑""人民"都应重读,"我多伟大"宜读成曲折调,"大"字适当延长,以加强讽刺的意味。后一句重音应放在"俯""人民""牛马"上,语调要亲切、柔和,借以歌颂鲁迅先生鞠躬尽瘁为人民的高贵品质。

第三小节指出两种人完全不同的人生哲学。反动统治者利欲熏心、骄奢淫逸、醉生梦死,甚至还想名留千古。读此句时,"名字""不朽"宜重读,"朽"字稍延长,以讥讽这种人的不知羞耻和痴心妄想。像鲁迅先生那样的无产阶级战士,他们从不计较个人的名利,不顾个人的得失安危,情愿做默默无闻的"野草",渴望投身于摧毁旧世界的革命烈火,即使粉身碎骨,化成灰烬也在所不惜。为了歌颂鲁迅先生那种为赢得革命胜利而甘心英勇献身的精神,读此句时,"情愿""野草""火"和"烧"都应重读,还可用短促的停顿来加强语气,读成"有的人情愿/做野草,/等着/地下的火/烧",语调要坚毅、乐观,对胜利充满信心。

第四小节进一步指出两种人完全不同的人生目的,与第二小节紧密呼应。反动统治者靠着奴役人民而穷奢极欲地活着,故而他们"活着",人民就"不能活"。读时,重音应落在"他""就"上,"不能"也应适当强调,这样就能更突出人民与反动统治者之间的势不两立。读下一句时,应以情深意切的语调,充分抒发对鲁迅先生那样"为了多数人/更好地活"的革命者的无比敬爱之情。

第三层(第五、六、七小节)是全诗的收尾,写两种人的不同结局。历史的辩证是无情的:骑在人民头上作威作福又妄想"流芳百世"的压迫者,终究会受到人民的惩罚,落得个"身败名裂"的可耻下场;甘为人民做牛马、"情愿做野草,等着地下的火烧"、勇于牺牲的人,必将随着革命的胜利而永垂不朽,名存千秋。这一层是全诗的高潮,要爱憎分明,运用有声语言,努力塑造两种截然不同的人的形象,以加强诗的感染力。"人民把他摔垮"一句的韵脚"垮"字，要收得有力，以表现人民对反动统治者的痛恨和人民群众的无穷威力。"名字/比尸首/烂得更早"，为了加强讽刺意味，读时可稍带轻蔑口气。读"他的下场/可以看到"，语调要坚定有力并略带兴奋，以表现人民对革命者必然战胜反动派的坚定信念和对反动统治者终究落得遗臭万年的下场的额手称庆。而读到"只要春风/吹到的/地方，到处是青青的/野草"和"群众/把他/抬举得/很高，很/高"等句时，要无限深情、语调明快，以表现人民群众对革命英雄的敬意之深。全诗的结尾"很高，很高"，前一个"很高"，读时语调要高扬，后一个"很高"，可以读得轻些，使激情内藏。这样处理，比越读越高昂效果更好。

(二)散文的朗读要求及实例分析

1. 散文的朗读要求

散文的特点是形散神聚，抒情意味较浓。朗读时要抓住发展的线索，通过停连、重音、节奏等技巧来体现，使听众感到语脉清晰、聚而不散，并运用各种技巧读得亲切自然、感情真挚、富有感染力。

2.《家乡的桥》朗读分析

(1)原文。

家乡的桥
郑　莹

家乡的桥是我梦中的桥。

家乡村边有一条河，曲曲弯弯，河中架一弯石桥，弓样的小桥横跨两岸。

每天，不管是鸡鸣晓月，日丽中天，还是月华泻地，小桥都印下串串足迹，洒落串串汗珠。那是乡亲为了追求多棱的希望，兑现美好的遐想。弯弯小桥，不时荡过轻吟低唱，不时露出舒心的笑容。

因而，我稚小的心灵，曾将心声献给小桥：你是一弯银色的新月，给人间普照光辉；你是一把闪亮的镰刀，割刈着欢笑的花果；你是一根晃悠悠的扁担，挑起了彩色的明天！哦，小桥走进我的梦中。

我在飘泊他乡的岁月，心中总涌动着故乡的河水，梦中总看到弓样的小桥。当我访南疆探北国，眼帘闯进座座雄伟的长桥时，我的梦变得丰满了，增添了赤橙黄绿青蓝紫。

弯弯的小桥，是我梦中的桥吗？

三十多年过去，我戴着满头霜花回到故乡，第一紧要的便是去看望小桥。

啊！小桥呢？小桥躲起来？河中一道长虹，浴着朝霞熠熠闪光。哦，雄浑的大桥敞开胸怀，汽车的呼啸、摩托的笛音、自行车的丁零，合奏着进行交响乐；南来的钢筋、花布，北往的柑橙、家禽，绘出交流欢悦图……满桥豪笑满桥歌啊！蜕变的桥，传递了家乡进步的消息，透露了家乡富裕的声音。时代的春风，美好的追求，我蓦地记起儿时唱给小桥的歌：哦，明艳艳的太阳照耀了，芳香甜蜜的花果捧来了，五彩斑斓的岁月拉开了！

我心中涌动的河水，激荡起甜美的浪花。我仰望一碧蓝天，心底轻声呼喊：家乡的桥呀，我梦中的桥！

(2)朗读分析。

《家乡的桥》的作者郑莹抓住引起人们情感共鸣而又普通的"家乡的桥"作为家乡面貌的象征，通过对"家乡的桥"的追忆、想象、展现和憧憬，向人们传递了家乡"进步的消息""富裕的声音"。朗读这篇诗情画意般的散文，要用浪漫的情怀、丰富的想象、抒情的基调、诗一般的语言；语速要适中，语气中饱含喜悦、赞美、憧憬的感情。这篇散文可分为四个部分，也就是家乡的桥"四部曲"——追忆、想象、展现、憧憬。

第一部曲，追忆往昔家乡的桥，从"家乡的桥是我梦中的桥"到"小桥走进我的梦中"。

一开始"家乡的桥是我梦中的桥"一句一个自然段，朗读时用恳切的语气，似画龙点睛般地诉说，饱含对家乡的挚爱之情。接着，以叙述的口气交代这座家乡的小石桥。这弯弯的小石桥记录着乡亲们对美好生活的向往和追求；它又是历史的见证人，一年三百六十五天，天天忠实地记录着乡亲们辛勤劳作、艰苦奋斗的创业精神。要强调重读"鸡鸣晓月""日丽中天""月华泻地""串串足迹""串串汗珠"等词。"弯弯小桥……不时露出舒心的笑容"一句中，小桥为乡亲们的勤劳智慧而"轻吟"，为乡亲们的美好明天而"舒心"。朗读这句时，要饱含对乡亲这种创业精神的敬慕之情和赞美之意。接着作者连用三个排比句，"你是一弯……一把……一根……"，以丰富的想象、抒情的语气把小桥比作"新月""镰刀""扁担"，恰如其分地赞美了小桥，又传递了一种信息——小桥是家乡面貌的象征，寄寓着乡亲对多彩生活的希望。要强调重读"给""普照光辉""割刈""欢笑的花果""挑起""彩色的明天"，以便为下文诉说家乡巨变做铺垫。

第二部曲，想象梦中家乡的桥，从"我在漂泊他乡的岁月"到"弯弯的小桥，是我梦中的桥吗"。

小桥已走进"我"的梦中，不管是走到天南还是地北，"我"的梦和家乡的小桥已经难以分离了。忆往昔，对家乡挚爱的根已深植于"我"幼时的心中；而如今，"我"已长大，这"根"也长成参天大树，枝盛叶茂，恋乡情结也愈来愈浓烈。走南闯北，饱览全国各地的巨大变化，一座座现代化大桥平地而起，"弯弯的小桥，是我梦中的桥吗？"用疑问的口吻提出。"我"每时每刻都在牵挂，家乡的桥也该变了吧？变成什么样子了？

"我"在想象，在勾画，在憧憬。

第三部曲，展现今日家乡的桥，从"三十多年过去"到"五彩斑斓的岁月拉开了"。

时光如梭，三十多年过去了，衔接上文对家乡美好的希望和祝愿，如今眼见为实。朗读者应用先抑后扬的语调，以难以置信的语气惊叹："啊！小桥呢？""小桥躲起来？"（先抑）蓦地发现"河中一道长虹，浴着朝霞熠熠闪光"（后扬），这条长虹就是新建成的雄浑的现代化大桥。此时梦中家乡的桥已与现实中家乡的桥衔接起来，朗读者要以抒情的语调、诗一般的语言读出对家乡的挚爱之情，颂扬雄浑壮观的大桥和家乡的巨变。

一个"哦"字，朗读者以若有所得的语气，饱含理想实现与梦中的桥"兑现"的满足感、自豪感、喜悦感，深情地向人们展现了大桥的一派繁忙景象。要强调重读"雄浑""敞开""呼啸""笛音""丁零""合奏""钢筋""花布""柑橙""家禽""绘出"等词。接着朗读者要注入自己能深切感受到的情感，用诗一般的语言，抒情地、陶醉地读出"满桥豪笑满桥歌啊"一句，重读两个"满"字和"传递""进步""透露""富裕""太阳照耀""花果捧来""岁月拉开"等词，以示"我"激动兴奋地宣告儿时的梦已成真。

第四部曲，憧憬明日家乡的桥，从"我心中涌动的河水"到"我梦中的桥"。

家乡的巨变，激荡起我心中层层涟漪，"仰望一碧蓝天"，我的心底已开始编织家乡的桥更加绚烂多彩的未来之梦。朗读者重读"涌动""激荡起""甜美""心底"等词。最后一句"家乡的桥呀，我梦中的桥"与开头一句呼应，是画龙点睛之笔，朗读时，要饱含由衷的挚爱之情，将每个字读得圆润悦耳，语速稍缓，声音稍稍提高。其中"呀"字和"我梦中的桥"一句稍带深情的拖腔，以表现对家乡的赞美和对未来的憧憬，从而给人留下无穷的回味空间。

（三）小说的朗读要求及实例分析

1. 小说的朗读要求

人物、情节和环境是小说的三要素。朗读时，要深刻理解作品的主题，准确把握人物、情节、环境的特点，然后进行声音造型。朗读环境时，要根据感情基调，做到情景交融，给全篇笼上一层感情的氛围，同时要注意节奏的转换，以更好地表达主题。朗读情节时，更要运用语调的推进、节奏的变化，显示出故事情节的发生、发展、高潮、结局几个部分，尤其高潮部分要着力渲染。朗读人物语言时，应通过语气、语调的技巧塑造人物个性，要区别人物间的语言，区别叙述语言和人物语言。这些区别应在朗读者本色声音范围内体现出来，而不必改变音色去扮演人物。

2.《草船借箭》朗读提示

（1）原文。

草船借箭

周瑜看到诸葛亮挺有才干，心里很妒忌。

有一天，周瑜请诸葛亮来商议军事，说："我们就要跟曹军交战。水上交战，用什么兵器最好？"诸葛亮说："用弓箭最好。"周瑜说："对，先生跟我想的一样。现在军中缺箭，想请先生负责赶造十万支。这是公事，希望先生不要推却。"诸葛亮说："都督委托，当然照办。不知道这十万支箭什么时候用？"周瑜问："十天造得好吗？"诸葛亮说："既然就要交战，十天造好，必然误了大事。"周瑜问："先生预计几天可以造好？"诸葛亮说："只要三天。"周瑜说："军情紧急，可不能开玩笑。"诸葛亮说："怎么敢跟都督开玩笑？我愿意立下军令状，三天造不好，甘受惩罚。"周瑜很高兴，叫诸葛亮当面立下军令状，又摆了酒席招待他。诸葛亮说："今天来不及了。从明天起，到第三天，请派五百个军士到江边来搬箭。"诸葛亮喝了几杯酒就走了。

鲁肃对周瑜说："十万支箭，三天怎么造得成呢？诸葛亮说的是假话吧？"周瑜说："是他自己说的，我可没逼他。我得吩咐军匠们，叫他们故意拖延，造箭用的材料，不给他准备齐全。到时候造不成，定他的罪，他就没话可说了。你去探听探听，看他怎么打算，回来报告我。"

鲁肃见了诸葛亮。诸葛亮说："三天之内要造十万支箭，得请你帮帮我的忙。"鲁肃说："都是你自己找的，我怎么帮得了你的忙？"诸葛亮说："你借给我二十条船，每条船上要三十名军士。船用青布幔子遮起来，还要一千多个草把子，排在船的两边。我自有妙用。第三天管保有十万支箭。不过不能让都督知道，他要是知道了，我的计划就完了。"

鲁肃答应了。他不知道诸葛亮借船有什么用，回来报告周瑜，果然不提借船的事，只说诸葛亮不用竹子、翎毛、胶漆这些材料。周瑜疑惑起来，说："到了第三天，看他怎么办！"

鲁肃私自拨了二十条快船，每条船上三十名军士，照诸葛亮说的，布置好青布幔子和草把子，等诸葛亮调度。第一天，不见诸葛亮有什么动静；第二天，仍然不见诸葛亮有什么动静；直到第三天四更时候，诸葛亮秘密地把鲁肃请到船里。鲁肃问他："你叫我来做什么？"诸葛亮说："请你一起去取箭。"鲁肃问："哪里去取？"诸葛亮说："不用问，去了就知道。"诸葛亮吩咐把二十条船用绳索连接起来，朝北岸开去。

这时候大雾漫天，江上连面对面都看不清。天还没亮，船已经靠近曹军的水寨。诸葛亮下令把船头朝西，船尾朝东，一字摆开，又叫船上的军士一边擂鼓，一边大声呐喊。鲁肃吃惊地说："如果曹兵出来，怎么办？"诸葛亮笑着说："雾这样大，曹操一定不敢派兵出来。我们只管饮酒取乐，天亮了就回去。"

曹操听到鼓声和呐喊声，就下令说："江上雾很大，敌人忽然来攻，我们看不清虚实，不要轻易出动。只叫弓弩手朝他们射箭，不让他们近前。"他派人去旱寨调来六十名弓弩手，到江边支援水军。一万多名弓弩手一齐朝江中放箭，箭好像下雨一样。诸葛亮又下令把船掉过来，船头朝东，船尾朝西，仍旧擂鼓呐喊，逼近曹军水寨受箭。

天渐渐亮了，雾还没有散。这时候，船两边的草把子上都插满了箭。诸葛亮吩咐军士们齐声高声喊"谢谢曹丞相的箭"，接着叫二十条船驶回南岸。曹操知道上了当，可是这边的船顺风顺水，已经驶出二十多里，要追也来不及了。

二十条船靠岸的时候，周瑜派来的五百个军士正好来到江边搬箭。每条船大约有五六千支箭，二十条船总共有十万多支。鲁肃见了周瑜，告诉他借箭的经过。周瑜长叹一声，说："诸葛亮神机妙算，我真比不上他！"

（2）朗读分析。

朗读中要用语气、语调的变化区别不同人物的性格特征。周瑜妒忌心强，想设计陷害诸葛亮，又不想露出马脚。读他的话要外松内紧，一步紧逼一步，逼诸葛亮接受造箭的任务并立下军令状。周瑜对鲁肃说的话，暴露了他的用心，"是他自己说的，我可没逼他"语气应咄咄逼人。"我得吩咐军匠们……不给他准备齐全"要读得不紧不慢，显露他阴险的心计。"到时候造不成，定他的罪，他就没话可说了"要用轻快的语调，前两句用升调，后一句用降调，显示周瑜自鸣得意的神气。周瑜得知诸葛亮不用造箭材料时，疑惑起来，说："到了第三天，看他怎么办！"要加重语气读，以表现他自以为是的性格。最后，当得知诸葛亮草船借箭的经过时，他"长叹一声"，承认诸葛亮"神机妙算，我真比不上他"，一扫刚愎自用的神气，语速要慢，先升后降，表现出怅惘的心情。

诸葛亮遇事冷静，胸有成竹，应付自如。他回答周瑜的话要读得从容不迫、不卑不亢，语气肯定，多用降调。他请鲁肃帮忙的话，要读得沉着、井井有条、充满信心。取箭返航时，"谢谢曹丞相的箭"要读得轻俏，表现出嘲讽语气。

鲁肃是起联系作用的人物，话不多，要读出他憨直、对朋友关切的性格。

（四）寓言、童话的朗读要求及实例分析

1. 寓言、童话的朗读要求

寓言是以短小、生动的故事寄寓深刻的哲理，发人深思，给人启示。朗读时，要抓住作品的寓意，把故事读得生动形象，做到口语化，适当夸张，但不能去学动物的样子和声音。如开头或结尾有议论性的话，要读得严肃有力、言辞恳切、语重心长。

童话取材于儿童熟悉的事物，是以儿童为阅读对象的。童话故事通过拟人、夸张等手法富有较浓的幻想色彩，情节较复杂、生动、形象。朗读时，要体现儿童口吻，唤起儿童新奇的情趣，语气要新奇谐趣，有的读音要细而高，有的读音要低而浑厚，需要进行灵活恰当的语音变换。

2.《嘴的抗议》朗读分析

（1）原文。

嘴的抗议

鼻子因为伤风堵住了，人只得用嘴来呼吸。嘴因此很不高兴，嘟囔着说："我总是最倒霉，什么吃饭啦，喝水啦，甚至接吻，都要用到我。成年累月一天到晚不给一点儿安静，忙得我够呛。呼吸嘛，本来是鼻子的工作，现在也摊到我头上来了，好像我是一匹该干到死的驴！"

"嘴兄……"鼻子抱歉地说，"这实在出于不得已，请暂且帮一两天忙。"

"住嘴！"嘴咆哮起来，"懒惰的东西，你以为我是傻瓜吗？我不会以实际行动来抗议吗？你等着吧！"

嘴巴紧紧闭住双唇，人顿时无法呼吸，就痛苦地憋死了。

(2)朗读分析。

这则寓言告诉人们：一个整体中的各个部门之间互相协作是非常重要的。朗读时要突出一些重点词句，通过语气语调的变化，将这一寓意生动地表达出来。

文章一开头是交代事因，应用平直舒缓的语调读，重读"堵住""嘴"。"嘴因此很不高兴"中的"很"要重读，突出"嘴"的不满心理。"嘴"发牢骚的话，要读出不满的语气，开头两句语调较低，要读得嘟嘟囔囔的，诉说"嘴"的"倒霉"。从"呼吸嘛"开始，语调上扬，越说越激动。"鼻子"和"我"是对比重音，表现出"嘴"不顾整体的协调工作只顾分工的狭隘思想。比喻句要扬得较高，语速较快，"驴"重读稍拖长，更突出"嘴"的不满情绪。"鼻子"听了，只好道歉，是想得到"嘴"的谅解，读时应语气诚恳，语速较慢，语调较低，"嘴兄"拖长声音读，"实在"读重音。这时，"嘴"听了反而暴跳如雷，不满情绪到了顶点，用一连串反问句怒斥"鼻子"，读时语气粗重，语调高昂，语速稍快，表现"嘴"的狭隘思想到了极点。"嘴"说到做到，"紧紧闭住双唇"，结果把人憋死。这是故事的结局，语速要放慢，"紧紧"重读，"痛苦地"后面停顿较长，慢慢读出"憋死了"三个字，让听众体会到"嘴"也随之失去了生命，讽刺意味不言而喻，给听众以深刻的启示。

四、普通话水平测试朗读作品及朗读分析

(一)《迷途笛音》朗读分析

1. 原文

迷途笛音

那年我六岁。离我家仅一箭之遥的小山坡旁，有一个早已被废弃的采石场，双亲从来不准我去那儿，其实那儿风景十分迷人。

一个夏季的下午，我随着一群小伙伴偷偷上那儿去了。就在我们穿越了一条孤寂的小路后，他们却把我一个人留在原地，然后奔向"更危险的地带"了。

等他们走后，我惊慌失措地发现，再也找不到要回家的那条孤寂的小道了。像只无头的苍蝇，我到处乱钻，衣裤上挂满了芒刺。太阳已经落山，而此时此刻，家里一定开始吃晚餐了，双亲正盼着我回家……想着想着，我不由得背靠着一棵树，伤心地呜呜大哭起来……

突然，不远处传来了声声柳笛。我像找到了救星，急忙循声走去。一条小道边的树桩上坐着一位吹笛人，手里还正削着什么。走近细看，他不就是被大家称为"乡巴佬儿"的卡廷吗？

"你好，小家伙儿，"卡廷说，"看天气多美，你是出来散步的吧？"

我怯生生地点点头，答道："我要回家了。"

"请耐心等上几分钟，"卡廷说，"瞧，我正在削一支柳笛，差不多就要做好了，完工后就送给你吧！"

卡廷边削边不时把尚未成形的柳笛放在嘴里试吹一下。没过多久，一支柳笛便递到我手中。我俩在一阵阵清脆悦耳的笛音中，踏上了归途……

当时，我心中只充满感激，而今天，当我自己也成了祖父时，却突然领悟到他用心之良苦！那天当他听到我的哭声时，便判定我一定迷了路，但他并不想在孩子面前扮演"救星"的角色，于是吹响柳笛以便让我能发现他，并跟着他走出困境！就这样，卡廷先生以乡下人的纯朴，保护了一个小男孩儿强烈的自尊。

2. 朗读分析

《迷途笛音》记叙的生活插曲既具有一波三折的戏剧性情节，又传神入微地刻画了儿童天真烂漫的心理动态，更不同凡响地把这一切组合得浑然天成，并上升到探讨如何关爱未成年人、维护他们自尊心的高度来叙事抒情，确实是一篇情趣盎然、文道结合的朗读佳作。

楔子、涉险、离群、迷途、惊恐、笛音、归去是全文起、承、转的脉络大略，而"领悟"的奇峰突起，则将前面所述的凡人琐事一下子合在了让人不曾始料的立意上。这就要求朗读者在表意传情时，不仅要有细节上的精雕细刻，而且一开始就得建立超越故事情节的心理情感。要用平调及叙事的语气朗读开头短小的楔子，找准作文要素中每一句的逻辑重音，读清楚它的含义，使听众隐隐感到：面对近在咫尺又"十分迷人"的风景，六岁的小孩是抵挡不住诱惑的！

然而，废弃采石场的游戏并不好玩。由"偷偷"开始的涉险活动，仅"穿越了一条孤寂的小路"，稚童就陷身于"孤寂"的恐惧之中了。朗读时应用升调清晰地读"他们却把我一个人留在原地"一句，以便交代进山和离群的过程，在感情的注入与语气的强调上还只是有一点儿"突然"感，无须十分恐惧的状态，因为一、二自然段还属于"起"的部分。

迷途和无助迅速激活了"我"的思维。"惊慌失措"地"乱钻"，描写了孤雁境况的凄惶苦恼，朗读者应设身处地地揣摩人物心理，这时语速要逐渐加急，语气越来越紧张恐慌，调值升到全文最高处，终致"伤心地呜呜大哭起来"。

"突然"，柳笛声传来了！降调的语气要努力营造出循声觅迹的情境。"走近细看"之后，心情顿然舒放，声调中应透出明显的惊喜和快慰，意味着心中的乌云已经飘散。吹笛人卡廷的问话要读得亲切、诙谐，蕴涵长者的宽厚、智者的深意。"我怯生生地点点头，答道"，则交织着对平日轻视"乡巴佬儿"的歉意与被人窥见自身窘境的羞赧，语速和语气要模拟出人物此时此地矛盾的心理变化。

"领悟"是在"当我自己也成了祖父"以后。放慢的语速和加重的语气可以传导出富有沧桑感的深深感慨。"良苦"之后的呼吸停顿不妨明显些，这样可为听众想知道"领悟"结果的心情起到"蓄势的效果"。从"那天"开始，语速流畅，语调柔和，要用感情重音引导语流的宣泄，表现出"我"衷心感激的真诚、铭心刻骨的敬意、告谕世人的属望。

(二)《悉尼歌剧院建设轶事》朗读分析

1. 原文

悉尼歌剧院建设轶事

蜚声于世的悉尼歌剧院，坐落在澳大利亚著名港口城市悉尼三面环海的贝尼朗岬角上。它由一个大基座和三个拱顶组成，占地逾18万平方米。远远望去，既像一簇洁白的贝壳，又像一队扬帆的航船。

说起悉尼歌剧院的建造，还有一段鲜为人知的轶事。

1956年，当时的澳大利亚总理凯希尔应担任乐团总指挥的好友古申斯的请求，决定由政府出资在贝尼朗建造一座现代化的歌剧院。有30个国家的建筑师送来了223个设计方案，由美国著名建筑师沙里宁等人组成的评委会负责评选。评选初期，沙里宁因故未能及时参加。他对初评出来的十个方案都不满意，便又仔细地审阅了被淘汰的213个方案，从中挑选出38岁的丹麦建筑师耶尔恩·乌特松设计的方案。独具慧眼的沙里宁认为，这个设计方案如能实现，必将成为非凡的建筑。他最终说服其他评委采纳了这个方案，使之免遭"胎死腹中"的厄运。

当乌特松的方案于1959年开始付诸实施时，又遇到了拱顶壳面建筑结构和施工技术方面的困难。

经过修改设计后才使壳面得以继续施工。但当工程进行到第九年时，坚定不移的支持者凯希尔总理去世了，新上台的自由党人以造价超过原估算为由，拒付所欠设计费，企图迫使工程停止。而此时剧院的主体结构已经完成，形成骑虎难下、欲罢不能之势。最后经过多方协商，由政府的三人小组取代乌特松负责工程继续建设。经历了 15 个艰难的春秋之后，悉尼歌剧院终于在 1973 年竣工。英国女王伊丽莎白二世专程前往悉尼参加 10 月 20 日举行的盛大落成典礼。

2. 朗读分析

悉尼歌剧院是一座开展演艺活动的殿堂，其自身的构造，特别是外部造型堪称宏伟精美的艺术品，在同类建筑中可谓独一无二。建筑艺术素有"凝固的音乐"之誉。在思想上先确立了这样一个文化艺术的制高点，我们可通过文中对悉尼歌剧院外观和建筑历程的记叙，体味到决策者、设计者和建设者是在怎样的精神引导下，"经历了 15 个艰难的春秋之后"，才为澳大利亚、也为人类文明矗立起这座艺术之宫的非凡意义。

文章开始可以用较高的语调、坚实明朗的音色描述悉尼歌剧院不同凡响的奇特形象。"既像一簇洁白的贝壳，又像一队扬帆的航船"两个分句，兼具比喻和讴歌的双重寓意，唯有朗读者自己胸中洋溢着赞美之情，方能感染听众。

从"说起"开始，语调要有明显的降幅，语气也须相应地凝重起来，因为"一段鲜为人知的轶事"包含了太多难以想象的艰辛坎坷。

决定方案前后这段文字要读出一波三折的语气曲线。"决定由政府出资"建造歌剧院，用平直调读即可。平平起句是为后面的波折蓄势垫底。"30 个国家"和"223 个设计方案"这两组数字令人注目，感情重音拉出的上扬语调要自然由衷。耶尔恩·乌特松的方案在初选时曾被淘汰一节，语调二度下降，声音空洞一些，有助于渲染"厄运"气氛。"独具慧眼"四个字预示着转机的出现，须重读。此外，需要实施逻辑重音的词组还有"如能实现""必将成为""最终说服""使之免遭"等。

歌剧院从破土动工到竣工，前后历时 15 年。在这不算短的工期里，主持建设者不仅面临着前所未有的技术困难，更有政府人事变更伴生的经济断源。朗读时以感情停顿作"经"，以感情重音作"纬"，语气沉稳饱满，语句断连分明，努力营造出"艰难困苦，玉汝于成"的情境。最后一句的三组数字要念得沉稳、清晰，这是列入歌剧院大事记的内容。

(三)《海上日出》朗读分析

1. 原文

海上日出

在船上，为了看日出，我特地起个大早。那时天还没有亮，周围是很寂静的，只有机器房的声音。

天空变成了浅蓝色，很浅很浅的；转眼间，天边出现了一道红霞，慢慢儿扩大了它的范围，加强了它的光亮。我知道太阳要从那天际升起来了，便目不转睛地望着那里。

果然，过了一会儿，在那里就出现了太阳的一小半(儿)，红是红得很，却没有光亮。这太阳像负着什么重担似的，慢慢儿，一步一步地，努力向上面升起来。到了最后，终于冲破了云霞，完全跳出了海面。那颜色真红得可爱。一刹那间，这深红的东西，忽然发出夺目的光亮，射得人眼睛发痛，同时附近的云也添了光彩。

有时太阳走入云里，它的光线却仍从云里透射下来，直射到水面上。这时候，人要分辨出何处是水，何处是天，很不容易，因为只能够看见光亮的一片。

有时天边有黑云，而且云片很厚。太阳出来了，人却不能够看见它。然而太阳在黑云里放射出光芒，透过黑云的周围，替黑云镶了一道光亮的金边（儿），到后来才慢慢透出重围，出现在天空，把一片片黑云变成了紫云或红霞。这时候，光亮的不仅是太阳、云和海水，连我自己也成了光亮的了。

这不是很伟大的奇观吗？

2. 朗读分析

《海上日出》是一篇描写景物的短文。朗读这样的文学作品，重在绘声绘色，使人如见其物、如临其境。朗读者首先要善于想象，朗读时要感同身受。

全文分三个部分。

第一部分包括第一、二自然段。第一段交代时间、地点、事件和环境。描写周围环境，特点在一个"静"字上。茫茫的海上，旅客们还在梦乡，只有伴随行船的、有节奏的机器声。朗读时，语调要平稳，节奏要徐缓，音量不宜大，语气较柔和，以突出清晨宁静的气氛。第二段描绘日出前天空的光和色的变化。"浅蓝""很浅很浅""红霞"等色彩描写要重读。值得注意的是，朗读这些色彩的出现以及云蒸霞蔚的壮观变化时，要有语调高低、节奏徐疾的相应变化，以充分展示出画面的动感和"我"情绪的波澜。最后一句，语调归于平稳，重音在"太阳""升""目不转睛"上，刻画一种全神贯注看日出的情态。

第二部分为第三段分三步描写日出的形态，朗读时宜用停顿区分层次。这里形容性的词语十分传神，要牢牢抓住，着力表达，每个词都要读得充实有内涵，速度放慢，节奏不宜快。"冲破""跳出"两个动词要略有强调，赋以动感，"红得可爱"要读出喜悦的心情。

第三部分包括最后三个自然段，以两幅太阳穿云夺路的奇景描写为主，两幅画面要寻找不同的感受读出画面的变化，可以依据太阳的动态及其产生的光色对比来区分语气语调的强弱徐疾的层次。最后，太阳"透出重围……"是全文一个小高潮，要读出一定的激情，要表达出作者对光明战胜黑暗的赞美。"这不是很伟大的奇观吗"一句意味深长，虽然是反问语气，却铿锵有力，问中有答，朗读时语调不要过于上扬。"这"以后加顿歇，"伟大"重读，"奇观"两个字沉稳、饱满有力，"么"字短促，落在中度音上，以留下一定的回味余地。

(四)《美国历史上的西红柿案件》朗读分析

1. 原文

美国历史上的西红柿案件

西红柿怎样从南美洲来到欧洲，传说不一。在1554年左右，有一位名叫俄罗拉答利的英国公爵到南美洲旅行，见到这种色艳形美的佳果，将之带回大不列颠，作为礼物献给伊丽莎白女王，种植在英王的御花园中。因此，西红柿曾作为一种观赏植物，被称为"爱情苹果"。

虽称"爱情苹果"，并没有人敢吃它，因为它同有毒的颠茄和曼陀罗有很近的亲缘关系，本身又有一股臭味儿，人们常警告那些嘴馋者不可误食，所以在一段长时间内无人敢问津。最早敢于吃西红柿的，据说是一位名叫罗伯特·吉本·约翰逊的人，他站在法庭前的台阶上当众吃了一个，从而使西红柿成了食品的一员。此事发生在大约一百年前。

1895年，美国商人从西印度群岛运来一批西红柿。按美国当时的法律，输入水果是免缴进口税的，而进口蔬菜则必须缴纳10％的关税。纽约港的关税官认定西红柿是蔬菜。理由是：它要进入厨房，经过烹制，成为人们餐桌上的佳肴。商人则认为应属水果，据理力争：西红柿有丰富的果汁，这是一般蔬菜所不具备的；它又可以生食，同一般蔬菜也不一样，形状色泽也都应当属于水果范畴。双方为此争执不下，最后只好把它作为被告，送进美国高等法院，接受审判。

经过审理，法院一致判决："正像黄瓜、大豆和豌豆一样，西红柿是一种蔓生的果实。在人们通常的谈论中总是把它和种植在菜园中的马铃薯、胡萝卜等一样作为饭菜用；无论是生吃还是熟食，它总是同饭后才食用的水果不一样。"从此，西红柿才法定为蔬菜，成为人们餐桌上的第一佳肴。

2. 朗读分析

《美国历史上的西红柿案件》的文体近似科学史话，传播科学史话是需要特定的情境作背景的。

"西红柿怎样从南美洲来到欧洲"这句，以升调或弯曲调开始，旨在引起听众的注意和思索。略作心理停顿后，用平直调念出"传说不一"四个字，既顺势引出下文，又给听众以讲解人对此早已胸有成竹的沉稳感。从"传说"到"爱情苹果"这一部分，追溯了450多年前的如烟往事。陈述性的语速可以稍缓，却不能失之凝滞，因为内容并不"严重"；忆说性的语调理应清晰地说明时间、地点、人名、果物的特征和美称等关键之处，却不必刻意突出逻辑重点，讲解或对话都以自然和谐为好，这一段在全篇中是"起"的部分。

"承"的部分解说了西红柿从观赏植物成为食物的人类认识发展过程。由"虽称""并没有""因为""所以"等关联词构成的转折复句，言简意赅地分析了为什么"在一段长时间内"无人敢吃西红柿，"有毒的""臭味"和"亲缘关系"等词或词组要以重读方式处理。接下来的文字是一个顺连复句，其中"他站在法庭前的台阶上当众吃了一个"这个分句记录了西红柿与人类关系的历史性转折瞬间，宜用感情重音来表达那个值得我们记住的时刻。

"转"的部分记载了西红柿在进入千家万户的厨房前曾遭遇的一场属性争执，以及由此牵连到的法院审判的史实，朗读时，声音应稍低。纽约港的关税官与商人各执一端的"理由"，朗读的音调要高一些，分句之间的衔接要紧凑一些，分歧之处的语音色彩要有所区别，这样才能营造出辩论的氛围，形成必要的语言感染力。

"合"的部分是由"法院一致判决"作收尾的。合情合理的判决词，不仅为西红柿的属性界定作了终审性的裁夺，也为"西红柿的传说"画上了一个富有现实感的、圆满的句号。朗读处理上以平直调为主，两处"一样"和一处"不一样"则可以尝试降调效果，突出西红柿之所以被视为蔬菜而不是水果，全在于"法定"的一锤定音。最后的"第一佳肴"四个字，音节不妨拉长放慢，留一点诗意的尾韵。

(五)《珍视自己的存在价值》朗读分析

1. 原文

珍视自己的存在价值

一次，仪山禅师洗澡。

水热了点儿，仪山让弟子打来冷水，倒进澡盆。

听师父说，水的温度刚好，看见桶里还剩有冷水，弟子就随手倒掉了。

正在澡盆里的师父看弟子倒掉剩水，不禁语重心长地说："世界上的任何东西，不管是大是小，是多是少，是贵是贱，都各有各的用处，不要随便浪费了。你刚才随手倒掉的剩水，不就可以用来灌溉花草树木吗？这样水得其用，花草树木也眉开眼笑，一举两得，又何乐而不为呢？"

弟子受师父这么一指点，从此便心有所悟，取法号为"滴水和尚"。

万物皆有所用，不管你看上去多么卑微得像棵草，渺小得像滴水，但都有它们自身存在的价值。

科学家发明创造，石破天惊，举世瞩目，然而，如果没有众人智慧的积累，便就终将成为空中楼阁，子虚乌有。

鲁迅的那段话也掷地有声："天才并不是自生自长在深林荒野里的怪物，是由可以使天才生长的民众产生、长育出来的，所以没有这种民众，就没有天才。"

"好鸟枝头亦朋友，落花水面皆文章。"当年翁森就曾这样说过。

如果你处在社会的底层——相信这是大多数，请千万不要自卑，要紧的还是打破偏见，唤起自信。问题不在于人家怎么看，可贵的是你的精神面貌如何。

三百六十行，行行出状元。关键还是在于怎样按照你的实际，为社会、为人类多做贡献，从而在这个世界上找到自己的一片绿洲、一片天空。

2. 朗读分析

本文从内容上来说，先叙后议，叙为议的先导，议才是本文的主旨。了解了这一点，我们便会明白，要读好这篇文章即使读叙事部分，也不应只是注意情节的发展，还要注意它与议论部分的关系，从而把握住朗读的基调，进而再认真研究一些关键语句的朗读技巧。

文章一开始写仪山禅师洗澡，"水热了点儿"，这里的"热"字稍重一点，以表示水虽热但还不是烫得不得了，因而桶里还剩有冷水。"弟子就随手倒掉了"是一句很关键的话，而"随手倒掉"更是关键的词语，因为整篇文章的主旨就是由此而引发出来的，对"随手倒掉"要予以强调的方式却又不需要大声重读。如果把"随手"后略微延长，似有停顿，再缓缓吐出"倒掉"，这样既可起到强调的作用，又能表现出做弟子的对所剩冷水毫不在意的态度。

弟子的这一举动招来了师父的一番语重心长的话。这段话共有三句。第一句比较长，朗读时除了对"大小""多少""贵贱"这些反义词稍做轻重不同的处理外，还需注意这句话虽然用的都是逗号，但从意义上来分析，它们并不在同一个表达层次上。"大小""多少""贵贱"只是对"东西"的进一步说明。既然如此，在停顿的运用上，也就应该有所区别。"大小""多少"后的停顿可以略短一些，是语断而意不断的。"贵贱"句的语调需上扬，以表现它们彼此之间以及与"东西"之间的紧密关系，增加全句的连贯感。"用处"后的停顿可较为明显，直到"浪费了"才可采用降调，全句才结束。师父这段话的后两句虽是反诘句，但要读得委婉。因为师父的整段话是娓娓道来、循循善诱的，体现出师父的语重心长，而不是严厉呵斥。

"弟子受师父这么一指点，从此便心有所悟，取法号为'滴水和尚'。"弟子对事物的理解深化了，文章也便转入了更深层次的议论。

如果说叙述部分朗读时比较侧重于表现它的形象性，那么议论部分朗读时则需表现它的逻辑性。因而，朗读下面的议论部分，除了对一些含有对比性的词语，如"科学家"与"众人"，"石破天惊""举世瞩目"与"空中楼阁""子虚乌有"，"天才""怪物"与"民众"等，要略加强调外，还要注意读好那些关联词语，如"不管……但都有""然而，如果……便就终将""并不是……是""所以没有……就没有"。朗读时，如果能体现这些语句的前后照应，把它们清楚、流畅地表达出来，那么也就把文章的"万物皆有所用，都有它们自身存在的价值"这一中心观点(主题)鲜明地展现在听众的面前了。

接着应该用较为舒缓的语气朗读翁森的诗句，转入文章的下一个表达层次。"千万不要自卑"到"你的精神面貌如何"，其中"千万""要紧""问题""人家""可贵""精神"等词语要稍微突出一点。

文章的最后一个自然段在引用了"三百六十行，行行出状元"的俗语之后，鼓励大家只要"按照……实际""多做贡献"就一定会"找到自己的一片绿洲、一片天空"。这段结束语固然可以读得激昂慷慨一番，但不宜用高昂的语调。文章希望告诉人们，不论自己多么卑微、多么渺小，无论处在怎样的社会底层，都要有自信，要"珍视自己的存在价值"，因而读得亲切、柔和、感人，才是更好的表现方式。

★ **思政元素**

《朗读者》是由中央广播电视总台(以下简称"总台")央视综合频道推出的文化情感类节目,它从文字出发却不止于传递文字之美,每一期由朗读嘉宾分享自己的人生体验,带给观众文字以外的享受及思考,让这股"文化清流"充满了生命的通透与情感的明亮。鲁迅先生说过,"文艺是国民精神所发的光,同时也是引导国民精神的前途的灯火"。《朗读者》发挥以文化人、以情动人、以美育人的内容优势,发挥总台现象级节目的传播优势,引领广大观众从人性的光辉中感受精神的脉动。而这条鲜明的主题主线也建构起节目的坚实内核,使其有力地显露出培根铸魂的担当、继往开来的格局、凝心聚力的能量。在我们迫切呼唤"文学的力量"回归之时,《朗读者》让文字变得更丰富,不仅使文学在电视上开辟出一方新的天地,还为大众的精神世界找到了一个绝佳的影像入口。

(资料来源:央视网,2021年10月12日,有改动)

第二节 说话训练

普通话水平测试中命题说话项目所占比例大、分值高。短短几分钟的时间,要求应试者就某一常见的话题,表达自己的看法,考查应试者的语言思维能力、语言组织能力、语言表达能力,以及平常的语流音变、轻重音、儿化韵、抑扬顿挫、快慢缓急等实际掌握情况。

▼ 一、训练有素,从容应对

命题说话项目主要考查应试者在单向自由交谈中说普通话的能力,由测试员听录音判别其语音面貌、词汇语法、自然流畅等规范程度。对语言的训练固然重要,但应试者心理状态和临场正常发挥的水平等因素也不可忽视。因此,应试者说话习惯的培养,观察、分析、阅读等能力的训练也很重要。很多人由于受思维、情绪、心理素质、性格等非语言因素的影响,在测试时削弱了"说话"的质量,造成测试成绩不理想、水平等级上不去,导致"说话"能力差。常见的有以下几个问题:

(1)有的应试者平时说话状态基本正常,但"命题说话"时声音却奇小,话音哽涩、不顺畅,显得无话可说、准备不足。

(2)有的应试者虽能顺畅地说满时间,但因其在特定环境、面对特殊的对象而形成一种固定的说话腔调,从说话的腔调中很容易将其身份或职业判断出来。

以上问题与应试者平时语言积累不够丰富、易紧张、缺乏说话训练等因素有关。于是,如何调整心态、坦然应考,便成了应试者首先需要面对的一道难题。应试者进行说话训练时应注意以下方法。

(一)加强思维训练,促进内部语言向外部有声语言的实时转化

说话是观点、思想的外在表现,说话过程就是思维与语言转化的过程。想说什么、怎么说,关键在于如何表达思维。从内部语言向外部有声语言转化的过程,一般分三个阶段:①构思阶段——依照交际目的来确定表达的意思,明确要说的内容;②转换阶段——运用语法规则将思维结果转换成语言

形式；③执行阶段——用语言形式将信息说出来。说话，实时地进行着"思想—句子类型—词汇—语音"的转换。要想说话顺畅，须先训练思维与语言的转化，强化思维的条理性、开阔性、敏捷性和灵活性。

(二)借助文字阶梯，逐步提高口语水平

要从有文字凭借的"朗读"过渡到无文字凭借的"说话"，在训练中可分为几级阶段逐步提升：①有文字的"说"，如复述、解说等；②基本不凭借文字的"说"，如半脱稿等；③完全无文字的自然"说"。依次顺序，循序渐进，最终达到"说话"的目的。需强调的是，朗读仅为过渡的阶梯，不能形成背诵或固定的说话模式，否则会因丧失"口语化"而失分。

(三)培养良好习惯，发挥"听""说"之间互动促进的作用

在说话训练中既要掌握"说话"的要领，同时也要重视"听话"的要求，正是这种相互作用，才能培养出良好的说话、听话习惯。其中，"听"不仅有助于获得知识信息、开阔思维，还能有效纠正语音的错误，奠定良好的说话发声基础。

(四)锻炼心理素质，保证说话水平的正常发挥

"说话"是极为复杂的生理与心理过程，具备良好的心理素质是"说得好"的前提。应试者要克服胆怯、自卑、自傲等不良心理倾向，在说话中不要表现得紧张、语无伦次、不着边际等。要克服这些心理障碍，必须找准原因、对症下药，并通过一定的改进措施，锻炼出良好的心理素质，保证说话水平的正常发挥。

总之，对普通话水平测试缺乏应有的了解、准备不充分、角色意识太浓、注意力的稳定性较差，是造成应试者心理紧张的主要因素。通过普通话水平测试的测试知识、测试心理、测试技巧的辅导以及创设良好的外部环境等，能有效消除应试者的不良心理状态。

二、自然流畅，真话真情

测试时，应试者先从30个说话题目中通过抽签得到某两题后，有十分钟的临场准备时间，此时应重点准备须脱稿、单向表述的说话题。选一个自己认为好说的题，列出说话的提纲，围绕提纲确定所说内容，想好怎么开头、如何结尾。慎用应试培训中的备稿、背稿、压慢语速、应急拼凑内容等技巧，因为有时以上技巧反而会导致演稿、离题、内容空乏、非口语化等问题。众所周知，口语和书面语的区别就在于：口语的用词范围比较窄，句子比较短，结构比较简单，还可以有重复、颠倒、脱节、补说等现象，允许有少量的"呃、嗯"之类的口语；而书面语的用词范围广，句式比较复杂，讲究篇章结构、连贯照应等。

在应试培训辅导中，常常会介绍一些常规的应试技巧，或投机取巧，或扬长避短，以获取较高分值，但有时会适得其反。例如，将记忆的内容合并归类出一篇稿子，或搜罗一些范文以供应试者参考背诵，但到测试时，应试者往往因紧张或准备不足，出现记忆卡壳、接续不上的情况，或苦于回忆文稿内容，呈明显的背稿势态。还有的人认为"字音准确、自然流畅"是关键，从而形成"宁可离题不可断流、宁可内容空乏也要放慢语速"的做法，可谓"丢了西瓜捡芝麻"得不偿失。

"说话"要提倡真诚自然，"真"心里才实，"空"心里就虚，心虚自然说不好话。测试时，应试者要说自己熟悉的事情，不必刻意追求句子是否优美、故事是否生动有趣，能自然准确地表情达意，声情并茂地说出真话即可。

三、普通话水平测试命题说话题目、范文及解析

(一)命题说话《童年的记忆》

1. 题目

《童年的记忆》。

2. 范文

每当看着活泼可爱、天真无邪的小孩从我身边蹦蹦跳跳经过时，总会勾起我对童年往事的回忆。

我的童年是快乐而又幸福的。那时候的我和许多土生土长的乡下孩子一样，是那么的贪玩、调皮和捣蛋。捉迷藏、上山采蘑菇、爬树掏鸟窝、下河捉鱼，这些可都是我们小孩最喜欢玩的事。特别是下河捉鱼，这是我们最拿手的本领。一有空，我们就呼朋引伴向村边的那条小河奔去。大伙跑到河边时，连小裤管都顾不上挽起来，就争先恐后地纷纷跳进河里去了。其实这条小河严格来讲根本不是河，只是两块水田之间宽约一米的小水沟！水不深，只没到膝盖，水清澈见底，可以看到一群群的小鱼游来游去。我们下水后，就在水里跑来跑去，两个小脚丫拍打着水面，"扑通扑通"的，水花乱溅，我们乐得哈哈大笑，不久，原来清澈的水便被我们搞得浑浊不清，甚至连水底的淤泥也翻上来了。这样一来，那些原本在水中逍遥自在游玩的小鱼就被迫把头浮出水面呼吸，而我们呢？一看到那些小鱼就飞快地伸出小手把它们迅速地从水中捧起来，放进事先准备好的盛有水的小塑料桶里。这些可怜却又可爱的鱼儿只能乖乖地在桶里游来游去了。

每一次，我们都是采用这种方法，先把鱼儿搞得晕头转向，再来个浑水摸鱼，于是几乎每次我们都能满载而归。但回到家总免不了挨大人的一顿责骂，为什么呢？因为每次捉鱼回来，总搞得浑身上下湿漉漉的，衣服上、脸上，甚至头发上都沾上了泥浆，活像一个小泥人。

小时候经常会挨大人责骂，但丝毫没有挫伤我们去玩的积极性。因为小孩贪玩和顽皮的天性已占据了我们幼小的心灵。那条小河，成了我记忆中童年的乐园。

回忆总是美好的。虽然属于我的童年已离我远去，但童年那段无忧无虑、快乐无比的日子在我记忆中将永不褪色。童年的往事，依旧散发着迷人的芬芳。

3. 解析

对多数人来说，童年是美好的。但多数人的童年却又是在无忧无虑中懵懵懂懂地度过的，童年的往事常常被淡忘，变得模糊了。所以，《童年的记忆》看似是一个很容易的话题，但在测试中，很多人面对它却又无从说起。

范文的优点在于切合记叙类话题的特点，结构完整，条理清晰，集中描述了儿时"下河捉鱼"这一趣事的细节，语言生动活泼。

这段文字首先从"看着活泼可爱、天真无邪的小孩从我身边蹦蹦跳跳经过"这一生活场景，自然引出下面的内容——"我"对童年的回忆。接着先概述了自己的童年——是"快乐而又幸福"的，然后列举了儿时喜爱的种种游戏，又由此引出这种种游戏中"最拿手的本领"——下河捉鱼。以上的部分在衔接上都显得非常自然，没有一些普通话水平测试应试者常出现的"生拉硬拽"的问题。随后，又详细说了与小伙伴们下河捉鱼的过程以及由此带来的快乐，语言自然活泼，生动有趣。最后，用抒情的方式结尾，抒发了"我"对童年那段美好时光的眷恋之情。

对于这种记叙类的话题，不怕说起来没内容，而是怕因为可选择的内容过多，应试者反而抓不到重点，说话时思绪零散，内容混乱；或者应试者由于思路混乱，理不清逻辑，反而无话可说。针对记叙类话题的特点，应试者首先要善于"化大为小"。所谓"化大为小"，就是要在一个宽泛的范围内，"择

其一点,不及其余",也就是只选择大范围中的某一方面,不求面面俱到。如果面面俱到,一方面时间不允许,另一方面也难以紧密地扣题。所以在准备话题时,应试者要有一个"去粗取精"的过程,尽量选择那些最有代表性,最能突出主题的内容。例如这篇范文,就是从众多的童年趣事"捉迷藏""上山采蘑菇""爬树掏鸟窝""下河捉鱼"中选择了"下河捉鱼"这一最"拿手"的内容,集中进行了描述。

总之,记叙类的话题,可以在开头用一两句话自然引出主题内容,然后详细描述人物特征、性格、行为、事迹(记人)或事情的经过(记事)。结尾部分点题,或总结,或抒情,可根据说话内容灵活选择。

(二)命题说话《谈谈卫生与健康》

1. 题目

《谈谈卫生与健康》。

2. 范文

卫生与健康息息相关。"讲卫生"这个口号早已深入人心,相信现在的人们都可以养成"饭前便后洗手""勤洗澡、勤换衣"这些基本的生活卫生习惯。但是,仍有一些错误的卫生习惯被人们忽略,悄悄地危害着人们的身体健康。

有一则新闻报道:广州有一位八十多岁的老人,喝了加热的隔夜肉汤后,出现腹痛、腹泻和发热等症状。医生检查后,在她的血液中发现了沙门氏菌,判断老人是因为喝了受到污染的肉汤后导致的食物中毒。很多老人都有吃反复加热的剩饭、剩菜的习惯。这其实是一种看似节约,实则不讲卫生的坏习惯。剩饭、剩菜中藏有不少微生物,如细菌、病菌等,如果保存不当,很容易受到污染;即使放入冰箱,如果储存条件不当或储存时间过长,食物依然会发生变质。一旦吃了,会对人体产生极大的危害。因此,要想保证身体的健康,我们应该尽量吃新鲜的食物,少吃或者不吃剩饭、剩菜。

还有几个错误的卫生习惯。例如,用毛巾擦餐具和水果、长期不更换擦桌布或洗碗布等。一般情况下,餐具和水果用干净的自来水洗净自然晾干就可以了,毛巾上有很多细菌,如果用毛巾擦餐具和水果,很容易造成二次污染。另外,很多人认为擦桌布或洗碗布只要每次洗干净,没破没烂就可以一直使用。这种看法也是错的。一块新抹布,使用一周便会滋生不计其数的细菌。因此,最好定期更换,一块抹布用到破还舍不得扔的习惯是绝对不可取的。

随着社会的发展和人们素质的提高,错误的卫生习惯会越来越少。只有坚持正确的卫生习惯,才能保证身体的健康。

3. 解析

上面这段"说话"的题目是《谈谈卫生与健康》,这一内容与我们每个人的日常生活都有紧密的联系,但是要把它说得好、说得完整,却并不容易。因为它所涉及的面很宽泛,如果泛泛而谈,很容易三两句就说完自己的观点,之后就无话可说了。因此,在进行这一类题目的说话时,要想做到"言之有物",那么清晰的逻辑建构、事实材料的运用、话题的巧妙展开是行之有效的方法。

这段说话首先表明了卫生与健康的关系"卫生与健康息息相关",错误的卫生习惯危害着人们的身体健康。然后分别列举了不讲卫生和错误的卫生习惯的例子。结尾点题,再次阐述"只有坚持正确的卫生习惯,才能保证身体的健康",首尾呼应。整个说话的过程逻辑清晰、有理有据,开头和结尾简洁概括,中间充实丰满。

关于如何将话题展开,可以采用以下几种方式:

(1)从不同的观点、立场、角度去展开。例如,针对命题说话题目《谈谈社会公德》,可以从人们不同职业、不同年龄等角度谈一谈其应具备的社会公德。

(2)以运动的、发展的、转化的观点进行展开。例如,针对命题说话题目《谈谈对环境保护的认识》，可以谈一谈对于环境保护这一问题，人们以前的、现在的认识以及对将来产生的影响。

（3）运用对比的方法展开。例如，针对命题说话题目《谈谈科技发展与社会生活》，可以从科技发展给社会生活带来的利与弊两个方面去阐述。

💼 知识延伸

以下为普通话水平测试命题说话题目。

（一）记叙类

我的学习生活

我尊敬的人

童年的记忆

难忘的旅行

我的朋友

我的业余生活

我的假日生活

我的成长之路

我知道的风俗

我和体育

我的愿望

我的家乡（或熟悉的地方）

我所在的集体（学校、机关、公司等）

购物（消费）的感受

我向往的地方

学习普通话的体会

（二）议论类

谈谈卫生与健康

谈谈科技发展与社会生活

谈谈社会公德（或职业道德）

谈谈服饰

谈谈个人修养

谈谈美食

谈谈对环境保护的认识

（三）说明类

我喜爱的职业

我喜爱的文学（或其他）艺术形式

我喜欢的季节（或天气）

我喜欢的演员（或其他知名人士）

我喜欢的节日

我喜爱的书刊

我喜爱的动物（或植物）

知识巩固

朗读就是用清晰、响亮的声音把文章念出来，把诉诸视觉的、静止的书面语言转化为生动、形象的有声语言的艺术再创造，是一门自成体系的语言艺术。

朗读要求：读准语音；做好朗读的准备；正确使用朗读语言；掌握好朗读者的身份；忠于原作品；把握好语速，做到速度适当；字正腔圆，声音洪亮；避免五种朗读方式。

朗读的技巧有停连、重音、语调、语速、节奏。

普通话水平测试中命题说话项目所占比例大、分值高，主要考查应试者在单向自由交谈中说普通话的能力及规范程度。应试者进行说话训练时应注意以下方法：加强思维训练，促进内在语言向外在有色语言的实时转化；借助文字阶梯，逐步提高口语水平；培养良好习惯，发挥"听""说"之间互动促进的作用；锻炼心理素质，保证说话水平的正常发挥。

复习与思考

1. 朗读的意义和要求是什么？
2. 朗读技巧包括哪些内容？
3. 说话训练应注意哪些方法？

思政园地 ★

银发苍苍，奔赴下一场山海
——银龄教师苏新春的故事

2021年，厦门大学退休教师苏新春报名参加了"高校银龄教师支援西部计划"，来到了位于南疆的喀什大学。苏新春说，"对喀什大学这样一个边疆大学、国门大学，如何用专业的力量凝聚人心，筑牢边境防线，是我们必须考虑的。"

刚一落地，苏新春就敏锐地发现这是一片语言的热土：南疆地区拥有丰富的语言资源和别样的语言生活，同时也面临着党和国家高度重视的国家通用语言文字普及的艰巨任务。他立刻以饱满的热情、十足的干劲投入工作：走访农户和农民夜校；制作调查问卷，前往乡村实地调研；了解喀什地区"推普"的方式、经验，为"推普"工作建言献策……

在苏新春的努力下，2022年1月，喀什大学中国语言学院、疏勒县巴仁乡共建"国家通用语言文字推广示范村"，高校和地方乡村共同推广普通话的工作模式就此开始。随后，喀什大学借助信息化手段，通过微信、钉钉、QQ等平台，对尤喀克巴仁村的16至45岁农村群众，分层次进行了为期一年的国家通用语言培训，更以点带面，使得更多乡村积极开展"推普"工作。

"语言是文明和文化传承的最重要的载体，也是维护民族团结和国家安全的重要保障。"苏新春深有感触，"只有让专业学习走出象牙塔，才能让家国情怀转变成推动社会进步的强大力量。"

（资料来源：《中国教育报》，2023年11月23日，有改动）

讨论：

从苏新春身上，你学到了什么？

附录

附录一　汉语拼音方案

一、字母表（见附表 1-1）

附表 1-1　字母表

Aa（Y）	Bb（ㄅㄝ）	Cc（ㄘㄝ）	Dd（ㄉㄝ）	Ee（ㄜ）	Ff（ㄝㄈ）
Gg（ㄍㄝ）	Hh（ㄏY）	Ii（丨）	Jj（ㄐ丨ㄝ）	Kk（ㄎㄝ）	Ll（ㄝㄌ）
Mm（ㄝㄇ）	Nn（ㄋㄝ）	Oo（ㄛ）	Pp（ㄆㄝ）	Qq（ㄑ丨ㄡ）	Rr（Yㄦ）
Ss（ㄝㄙ）	Tt（ㄊㄝ）	Uu（ㄨ）	Vv（ㄇㄢㄝ）	Ww（ㄨY）	Xx（ㄒ丨）
Yy（丨Y）	Zz（ㄗㄝ）				

V 只用来拼写外来语、少数民族语言和方言。字母的手写体依照拉丁字母的一般书写习惯。

二、声母表（见附表 1-2）

附表 1-2　声母表

b（ㄅ玻）	P（ㄆ坡）	m（ㄇ摸）	f（ㄈ佛）	d（ㄉ得）	t（ㄊ特）
n（ㄋ讷）	l（ㄌ勒）	g（ㄍ哥）	k（ㄎ科）	h（ㄏ喝）	j（ㄐ基）
q（ㄑ欺）	x（ㄒ希）	zh（ㄓ知）	ch（ㄔ蚩）	sh（ㄕ诗）	r（ㄖ日）
z（ㄗ资）	c（ㄘ雌）	s（ㄙ思）			

在给汉字注音的时候，为了使拼式简短，zh、ch、sh 可以省作 ẑ、ĉ、ŝ。

三、韵母表（见附表 1-3）

附表 1-3　韵母表

	i（丨衣）	u（ㄨ乌）	ü（ㄩ迂）
a（Y啊）	ia（丨Y呀）	ua（ㄨY蛙）	

o(ㄛ喔)		uo(ㄨㄛ窝)	
e(ㄜ鹅)	ie(丨ㄝ耶)		üe(ㄩㄝ约)
ai(ㄞ哀)		uai(ㄨㄞ歪)	
ei(ㄟ欸)		uei(ㄨㄟ威)	
ao(ㄠ熬)	iao(丨ㄠ腰)		
ou(ㄡ欧)	iou(丨ㄡ忧)		
an(ㄢ安)	ian(丨ㄢ烟)	uan(ㄨㄢ弯)	üan(ㄩㄢ冤)
en(ㄣ恩)	in(丨ㄣ因)	uen(ㄨㄣ温)	ün(ㄩㄣ晕)
ang(ㄤ昂)	iang(丨ㄤ央)	uang(ㄨㄤ汪)	
eng(ㄥ亨的韵母)	ing(丨ㄥ英)	ueng(ㄨㄥ翁)	
ong(ㄨㄥ轰的韵母)	iong(ㄩㄥ雍)		

(1)"知、蚩、诗、日、资、雌、思"7个音节的韵母用i，即知、蚩、诗、日、资、雌、思拼作 zhi、chi、shi、ri、zi、ci、si。

(2)韵母儿写成 er，用作韵尾的时候写成 r。例如："儿童"拼作 ertong，"花儿"拼作 huar。

(3)韵母ㄝ单用的时候写成 ê。

(4)i 列的韵母，前面没有声母的时候，写成 yi(衣)、ya(呀)、ye(耶)、yao(腰)、you(忧)、yan(烟)、yin(因)、yang(央)、ying(英)、yong(雍)。

u 列的韵母，前面没有声母的时候，写成 wu(乌)、wa(蛙)、wo(窝)、wai(歪)、wei(威)、wan(弯)、wen(温)、wang(汪)、weng(翁)。

ü 列的韵母，前面没有声母的时候，写成 yu(迂)、yue(约)、yuan(冤)、yun(晕)，ü 上两点也省略。

ü 列的韵母跟声母 j、q、x 拼的时候，写成 ju(居)、qu(区)、xu(虚)，ü 上两点也省略；但是跟声母 n、l 拼的时候，仍然写成 nü(女)、lü(吕)。

(5)iou、uei、uen 前面加声母的时候，写成 iu、ui、un。例如：niu(牛)、gui(归)、lun(论)。

(6)在给汉字注音的时候，为了使拼式简短，ng 可以省作 ŋ。

四、声调符号

阴平(ˉ)、阳平(ˊ)、上声(ˇ)、去声(ˋ)

声调符号标在音节的主要母音上。轻声不标。例如：

妈 mā(阴平)　麻 má(阳平)　马 mǎ(上声)　骂 mà(去声)　吗 ma(轻声)

五、隔音符号

a、o、e 开头的音节连接在其他音节后面的时候，如果音节的界限发生混淆，用隔音符号(')隔开，例如：pi'ao(皮袄)。

附录二 汉语音节表

附表 2-1 汉语音节表(一)

项目	开口呼								
	-i	a	o	e	ê	ai	ei	ao	ou
b		ba 巴	bo 波				bai 白	bei 杯	bao 包	
p		pa 趴	po 坡				pai 拍	pei 胚	pao 抛	pou 剖
m		ma 妈	mo 摸	me 么			mai 买	mei 眉	mao 猫	mou 某
f		fa 发	fo 佛					fei 非		fou 否
d		da 搭		de 德			dai 呆	dei 得	dao 刀	dou 兜
t		ta 他		te 特			tai 胎	tei 忒	tao 涛	tou 偷
n		na 那		ne 呢			nai 奶	nei 内	nao 闹	nou 耨
l		la 拉		le 勒			lai 来	lei 类	lao 捞	lou 楼
g		ga 嘎		ge 哥			gai 该	gei 给	gao 高	gou 沟
k		ka 咖		ke 科			kai 开	kei 剀	kao 靠	kou 扣
h		ha 哈		he 喝			hai 海	hei 黑	hao 好	hou 后
j										
q										
x										
z	zi 姿	za 杂		ze 则			zai 灾	zei 贼	zao 遭	zou 邹

续表

项目	开口呼								
	-i	a	o	e	ê	ai	ei	ao	ou
c	ci 词	ca 擦		ce 侧		cai 才		cao 操	cou 凑
s	si 司	sa 撒		se 色		sai 腮		sao 骚	sou 艘
zh	zhi 知	zha 渣		zhe 遮		zhai 摘		zhao 招	zhou 周
ch	chi 吃	cha 插		che 车		chai 拆		chao 超	chou 抽
sh	shi 师	sha 杀		she 奢		shai 筛	shei 谁	shao 烧	shou 收
r	ri 日			re 热				rao 绕	rou 肉
∅		a 啊	o 哦	e 蛾	ê 欸	ai 哀	ei 欸	ao 凹	ou 欧

附表 2-2　汉语音节表(二)

项目	开口呼					齐齿呼			
	an	en	ang	eng	er	i	ia	ie	iao
b	ban 班	ben 奔	bang 帮	beng 崩		bi 逼		bie 鳖	biao 标
p	pan 潘	pen 喷	pang 乓	peng 朋		pi 批		pie 撇	piao 飘
m	man 慢	men 门	mang 忙	meng 梦		mi 米		mie 灭	miao 苗
f	fan 翻	fen 分	fang 芳	feng 风					
d	dan 丹	den 扽	dang 当	deng 灯		di 低		die 爹	diao 雕
t	tan 滩		tang 汤	teng 疼		ti 踢		tie 贴	tiao 挑
n	nan 男	nen 嫩	nang 囊	neng 能		ni 你		nie 捏	niao 鸟
l	lan 蓝		lang 狼	leng 冷		li 里	lia 俩	lie 列	liao 廖

续表

项目	开口呼					齐齿呼			
	an	en	ang	eng	er	i	ia	ie	iao
g	gan 甘	gen 跟	gang 刚	geng 更					
k	kan 刊	ken 肯	kang 康	keng 坑					
h	han 汉	hen 很	hang 夯	heng 哼					
j						ji 鸡	jia 家	jie 街	jiao 交
q						qi 妻	qia 掐	qie 切	qiao 敲
x						xi 西	xia 虾	xie 些	xiao 肖
z	zan 赞	zen 怎	zang 脏	zeng 增					
c	can 参	cen 岑	cang 仓	ceng 层					
s	san 三	sen 森	sang 桑	seng 僧					
zh	zhan 沾	zhen 真	zhang 张	zheng 争					
ch	chan 掺	chen 沉	chang 昌	cheng 称					
sh	shan 山	shen 申	shang 商	sheng 生					
r	ran 然	ren 人	rang 让	reng 扔					
∅	an 安	en 恩	ang 昂	eng 鞥	er 儿	yi 衣	ya 压	ye 爷	yao 妖

附表 2-3　汉语音节表(三)

项目	齐齿呼					合口呼			
	iou	ian	in	iang	ing	u	ua	uo	uai	uei
b		bian 边	bin 彬		bing 兵	bu 布				

续表

项目	齐齿呼					合口呼				
	iou	ian	in	iang	ing	u	ua	uo	uai	uei
p		pian 偏	pin 拼		ping 平	pu 扑				
m	miu 谬	mian 面	min 民		ming 名	mu 木				
f						fu 夫				
d	diu 丢	dian 电			ding 丁	du 毒		duo 多		dui 堆
t		tian 天			ting 听	tu 凸		tuo 托		tui 推
n	niu 妞	nian 年	nin 您	niang 娘	ning 宁	nu 努		nuo 挪		
l	liu 蹓	lian 连	lin 林	liang 两	ling 令	lu 芦		luo 罗		
g						gu 孤	gua 瓜	guo 过	guai 乖	gui 闺
k						ku 哭	kua 夸	kuo 扩	kuai 快	kui 亏
h						hu 胡	hua 花	huo 货	huai 淮	hui 灰
j	jiu 纠	jian 尖	jin 金	jiang 江	jing 京					
q	qiu 秋	qian 千	qin 亲	qiang 枪	qing 青					
x	xiu 修	xian 先	xin 心	xiang 香	xing 星					
z						zu 租		zuo 昨		zui 最
c						cu 粗		cuo 搓		cui 崔
s						su 苏		suo 缩		sui 虽

续表

项目	齐齿呼					合口呼				
	iou	ian	in	iang	ing	u	ua	uo	uai	uei
zh						zhu 朱	zhua 抓	zhuo 桌	zhuai 拽	zhui 追
ch						chu 出	chua 欻	chuo 戳	chuai 揣	chui 吹
sh						shu 书	shua 刷	shuo 说	shuai 衰	shui 水
r						ru 如		ruo 若		rui 瑞
∅	you 忧	yan 烟	yin 因	yang 央	ying 英	wu 乌	wa 洼	wo 卧	wai 歪	wei 威

附表 2-4　汉语音节表(四)

项目	合口呼					撮口呼				
	uan	uen	uang	ueng	ong	ü	üe	üan	ün	iong
b										
p										
m										
f										
d	duan 端	dun 敦			dong 东					
t	tuan 团	tun 吞			tong 通					
n	nuan 暖				nong 农	nü 女	nüe 虐			
l	luan 乱	lun 论			long 龙	lü 吕	lüe 略			
g	guan 官	gun 棍	guang 光		gong 工					
k	kuan 宽	kun 昆	kuang 筐		kong 空					
h	huan 欢	hun 婚	huang 慌		hong 轰					
j						ju 居	jue 绝	juan 娟	jun 军	jiong 窘

项目	合口呼					撮口呼				
	uan	uen	uang	ueng	ong	ü	üe	üan	ün	iong
q						qu 区	que 却	quan 劝	qun 群	qiong 穷
x						xu 须	xue 学	xuan 宣	xun 寻	xiong 凶
z	zuan 钻	zun 尊			zong 综					
c	cuan 窜	cun 村			cong 聪					
s	suan 酸	sun 孙			song 松					
zh	zhuan 专	zhun 准	zhuang 装		zhong 中					
ch	chuan 川	chun 春	chuang 窗		chong 冲					
sh	shuan 拴	shun 顺	shuang 双							
r	ruan 软	run 润			rong 容					
∅	wan 弯	wen 温	wang 汪	weng 翁		yu 鱼	yue 约	yuan 渊	yun 云	yong 拥

参考文献

［1］王璐，吴洁茹．语音发声［M］.3 版．北京：中国传媒大学出版社，2014.

［2］王晖．普通话水平测试阐要［M］.北京：商务印书馆，2013.

［3］应天常，王婷．主持人即兴口语训练［M］.2 版．北京：中国传媒大学出版社，2014.

［4］马显彬．普通话训练教程［M］.2 版．广州：暨南大学出版社，2011.

［5］曾志华，吴洁茹，熊征宇，等．普通话训练教程［M］.2 版．北京：中国传媒大学出版社，2017.

［6］李莉，徐梅．普通话口语训练教程［M］.北京：北京师范大学出版社，2011.

［7］宋欣桥．普通话语音训练教程［M］.3 版．北京：商务印书馆，2017.

［8］贾毅，钟妍，叔翼健．普通话语音与科学发声训练教程［M］.北京：中国传媒大学出版社，2015.